漢字って楽しい！

日
鳥
山
木

漢字は、むずかしそうに
みえますが、絵から
できた ものもあるのです。
そう思って ながめて みたら、
なんだか 漢字の 学習が
楽しく なって きませんか。

「漢検」級別 主な出題内容

10級 …対象漢字数 80字
漢字の読み／漢字の書取／筆順・画数

9級 …対象漢字数 240字
漢字の読み／漢字の書取／筆順・画数

8級 …対象漢字数 440字
漢字の読み／漢字の書取／部首・部首名／筆順・画数／送り仮名／対義語／同じ漢字の読み

7級 …対象漢字数 642字
漢字の読み／漢字の書取／部首・部首名／筆順・画数／送り仮名／対義語／同音異字／三字熟語

6級 …対象漢字数 835字
漢字の読み／漢字の書取／部首・部首名／筆順・画数／送り仮名／対義語・類義語／同音・同訓異字／三字熟語／熟語の構成

5級 …対象漢字数 1026字
漢字の読み／漢字の書取／部首・部首名／筆順・画数／送り仮名／対義語・類義語／同音・同訓異字／誤字訂正／四字熟語／熟語の構成

4級 …対象漢字数 1339字
漢字の読み／漢字の書取／部首・部首名／送り仮名／対義語・類義語／同音・同訓異字／誤字訂正／四字熟語／熟語の構成

3級 …対象漢字数 1623字
漢字の読み／漢字の書取／部首・部首名／送り仮名／対義語・類義語／同音・同訓異字／誤字訂正／四字熟語／熟語の構成

準2級 …対象漢字数 1951字
漢字の読み／漢字の書取／部首・部首名／送り仮名／対義語・類義語／同音・同訓異字／誤字訂正／四字熟語／熟語の構成

2級 …対象漢字数 2136字
漢字の読み／漢字の書取／部首・部首名／送り仮名／対義語・類義語／同音・同訓異字／誤字訂正／四字熟語／熟語の構成

準1級 …対象漢字数 約3000字
漢字の読み／漢字の書取／故事・諺／対義語・類義語／同音・同訓異字／誤字訂正／四字熟語

1級 …対象漢字数 約6000字
漢字の読み／漢字の書取／故事・諺／対義語・類義語／同音・同訓異字／誤字訂正／四字熟語

※ここに示したのは出題分野の一例です。毎回すべての分野から出題されるとは限りません。また、このほかの分野から出題されることもあります。

日本漢字能力検定採点基準 最終改定：平成25年4月1日

❶ 採点の対象

筆画を正しく、明確に書かれた字を採点の対象とし、くずした字や、乱雑に書かれた字は採点の対象外とする。

❷ 字種・字体

① 2～10級の解答は、内閣告示「常用漢字表」（平成二十二年）による。ただし、旧字体での解答は正答とは認めない。

② 1級および準1級の解答は、『漢検要覧 1／準1級対応』（公益財団法人日本漢字能力検定協会発行）に示す「標準字体」「許容字体」「旧字体一覧表」による。

❸ 読み

① 2～10級の解答は、内閣告示「常用漢字表」（平成二十二年）による。

② 1級および準1級の解答には、①の規定は適用しない。

❹ 仮名遣い

仮名遣いは、内閣告示「現代仮名遣い」による。

❺ 送り仮名

送り仮名は、内閣告示「送り仮名の付け方」による。

❻ 部首

部首は、『漢検要覧 2～10級対応』（公益財団法人日本漢字能力検定協会発行）収録の「部首一覧表と部首別の常用漢字」による。

❼ 筆順

筆順の原則は、文部省編『筆順指導の手びき』（昭和三十三年）による。常用漢字一字一字の筆順は、『漢検要覧 2～10級対応』収録の「常用漢字の筆順一覧」による。

❽ 合格基準

級	満点	合格
1級／準1級／2級	二〇〇点	八〇％程度
準2級／3級／4級／5級／6級／7級	二〇〇点	七〇％程度
8級／9級／10級	一五〇点	八〇％程度

※部首、筆順は『漢検 漢字学習ステップ』など公益財団法人日本漢字能力検定協会発行図書でも参照できます。

日本漢字能力検定審査基準

10級

程度　小学校第1学年の学習漢字を理解し、文や文章の中で使える。

領域・内容
《読むことと書くこと》　小学校学年別漢字配当表の第1学年の学習漢字を読み、書くことができる。
《筆順》　点画の長短、接し方や交わり方、筆順および総画数を理解している。

9級

程度　小学校第2学年までの学習漢字を理解し、文や文章の中で使える。

領域・内容
《読むことと書くこと》　小学校学年別漢字配当表の第2学年までの学習漢字を読み、書くことができる。
《筆順》　点画の長短、接し方や交わり方、筆順および総画数を理解している。

8級

程度　小学校第3学年までの学習漢字を理解し、文や文章の中で使える。

領域・内容
《読むことと書くこと》　小学校学年別漢字配当表の第3学年までの学習漢字を読み、書くことができる。
- 音読みと訓読みとを理解していること
- 送り仮名に注意して正しく書けること（食べる、楽しい、後ろ　など）
- 対義語の大体を理解していること（勝つ―負ける、重い―軽い　など）
- 同音異字を理解していること（反対、体育、期待、太陽　など）

《筆順》　筆順、総画数を正しく理解している。
《部首》　主な部首を理解している。

7級

程度　小学校第4学年までの学習漢字を理解し、文章の中で正しく使える。

領域・内容
《読むことと書くこと》　小学校学年別漢字配当表の第4学年までの学習漢字を読み、書くことができる。
- 音読みと訓読みとを正しく理解していること
- 送り仮名に注意して正しく書けること（等しい、短い、流れる　など）
- 熟語の構成を知っていること
- 対義語の大体を理解していること（入学―卒業、成功―失敗　など）
- 同音異字を理解していること（健康、高校、公共、外交　など）

《筆順》　筆順、総画数を正しく理解している。
《部首》　部首を理解している。

6級

程度　小学校第5学年までの学習漢字を理解し、文章の中で漢字が果たしている役割を知り、正しく使える。

領域・内容

《読むことと書くこと》　小学校学年別漢字配当表の第5学年までの学習漢字を読み、書くことができる。

- 音読みと訓読みとを正しく理解していること
- 送り仮名や仮名遣いに注意して正しく書けること（求める、失う　など）
- 熟語の構成を知っていること（上下、絵画、大木、読書、不明　など）
- 対義語、類義語の大体を理解していること（禁止―許可、平等―均等　など）
- 同音・同訓異字を正しく理解していること

《筆順》　筆順、総画数を正しく理解している。

《部首》　部首を理解している。

5級

程度　小学校第6学年までの学習漢字を理解し、文章の中で漢字が果たしている役割に対する知識を身に付け、漢字を文章の中で適切に使える。

領域・内容

《読むことと書くこと》　小学校学年別漢字配当表の第6学年までの学習漢字を読み、書くことができる。

- 音読みと訓読みとを正しく理解していること
- 送り仮名や仮名遣いに注意して正しく書けること
- 熟語の構成を知っていること
- 対義語、類義語を正しく理解していること
- 同音・同訓異字を正しく理解していること

《四字熟語》　四字熟語を正しく理解している（有名無実、郷土芸能　など）。

《筆順》　筆順、総画数を正しく理解している。

《部首》　部首を理解し、識別できる。

4級

程度　常用漢字のうち約1300字を理解し、文章の中で適切に使える。

領域・内容

《読むことと書くこと》　小学校学年別漢字配当表のすべての漢字と、その他の常用漢字約300字の読み書きを習得し、文章の中で適切に使える。

- 音読みと訓読みとを正しく理解していること
- 送り仮名や仮名遣いに注意して正しく書けること
- 熟語の構成を正しく理解していること
- 熟字訓、当て字を理解していること（小豆／あずき、土産／みやげ　など）
- 対義語、類義語、同音・同訓異字を正しく理解していること

《四字熟語》　四字熟語を理解している。

《部首》　部首を識別し、漢字の構成と意味を理解している。

3級

程度　常用漢字のうち約1600字を理解し、文章の中で適切に使える。

領域・内容

《読むことと書くこと》　小学校学年別漢字配当表のすべての漢字と、その他の常用漢字約600字の読み書きを習得し、文章の中で適切に使える。

- 音読みと訓読みとを正しく理解していること
- 送り仮名や仮名遣いに注意して正しく書けること
- 熟語の構成を正しく理解していること
- 熟字訓、当て字を理解していること（乙女／おとめ、風邪／かぜ　など）
- 対義語、類義語、同音・同訓異字を正しく理解していること

《四字熟語》　四字熟語を理解している。

《部首》　部首を識別し、漢字の構成と意味を理解している。

※常用漢字とは、平成22年（2010年）11月30日付内閣告示による「常用漢字表」に示された2136字をいう。

準2級

程度　常用漢字のうち1951字を理解し、文章の中で適切に使える。

領域・内容

《読むことと書くこと》　1951字の漢字の読み書きを習得し、文章の中で適切に使える。

- 音読みと訓読みとを正しく理解していること
- 送り仮名や仮名遣いに注意して正しく書けること
- 熟語の構成を正しく理解していること
- 熟字訓、当て字を理解していること（硫黄／いおう、相撲／すもう　など）
- 対義語、類義語、同音・同訓異字を正しく理解していること

《四字熟語》　典拠のある四字熟語を理解している（驚天動地、孤立無援　など）。

《部首》　部首を識別し、漢字の構成と意味を理解している。

※1951字とは、昭和56年（1981年）10月1日付内閣告示による旧「常用漢字表」の1945字から「勺」「錘」「銑」「脹」「匁」の5字を除いたものに、現行の「常用漢字表」のうち、「茨」「媛」「岡」「熊」「埼」「鹿」「栃」「奈」「梨」「阪」「阜」の11字を加えたものを指す。

2級

程度　すべての常用漢字を理解し、文章の中で適切に使える。

領域・内容

《読むことと書くこと》　すべての常用漢字の読み書きに習熟し、文章の中で適切に使える。

- 音読みと訓読みとを正しく理解していること
- 送り仮名や仮名遣いに注意して正しく書けること
- 熟語の構成を正しく理解していること
- 熟字訓、当て字を理解していること（海女／あま、玄人／くろうと　など）
- 対義語、類義語、同音・同訓異字などを正しく理解していること

《四字熟語》　典拠のある四字熟語を理解している（鶏口牛後、呉越同舟　など）。

《部首》　部首を識別し、漢字の構成と意味を理解している。

準1級

程度　常用漢字を含めて、約3000字の漢字の音・訓を理解し、文章の中で適切に使える。

領域・内容

《読むことと書くこと》　常用漢字の音・訓を含めて、約3000字の漢字の読み書きに慣れ、文章の中で適切に使える。

- 熟字訓、当て字を理解していること
- 対義語、類義語、同音・同訓異字などを理解していること
- 国字を理解していること（峠、凧、畠　など）
- 複数の漢字表記について理解していること（國―国、交叉―交差　など）

《四字熟語・故事・諺》　典拠のある四字熟語、故事成語・諺を正しく理解している。

《古典的文章》　古典的文章の中での漢字・漢語を理解している。

※約3000字の漢字は、JIS第一水準を目安とする。

1級

程度　常用漢字を含めて、約6000字の漢字の音・訓を理解し、文章の中で適切に使える。

領域・内容

《読むことと書くこと》　常用漢字の音・訓を含めて、約6000字の漢字の読み書きに慣れ、文章の中で適切に使える。

- 熟字訓、当て字を理解していること
- 対義語、類義語、同音・同訓異字などを理解していること
- 国字を理解していること（怺える、毟る　など）
- 地名・国名などの漢字表記（当て字の一種）を知っていること
- 複数の漢字表記について理解していること（鹽―塩、颱風―台風　など）

《四字熟語・故事・諺》　典拠のある四字熟語、故事成語・諺を正しく理解している。

《古典的文章》　古典的文章の中での漢字・漢語を理解している。

※約6000字の漢字は、JIS第一・第二水準を目安とする。

※常用漢字とは、平成22年（2010年）11月30日付内閣告示による「常用漢字表」に示された2136字をいう。

個人受検の申し込みについて 申し込みから合否の通知まで

1 受検級を決める

受検資格 制限はありません

実施級 1、準1、2、準2、3、4、5、6、7、8、9、10級

検定会場 全国主要都市約170か所に設置
（実施地区は検定の回ごとに決定）

2 検定に申し込む

インターネットにてお申し込みください。
ホームページ https://www.kanken.or.jp/ からお申し込みができます（クレジットカード決済、コンビニ決済が可能です）。

下記の二次元コードから日本漢字能力検定協会ホームページへ簡単にアクセスできます。

※申込方法など、変更になることがございます。
最新の情報はホームページをご確認ください。

注意

①家族・友人と同じ会場での受検を希望する方は、検定料のお支払い完了後、申込締切日の2営業日後までに協会（お問い合わせフォーム）までお知らせください。

②障がいがあるなど、身体的・精神的な理由により、受検上の配慮を希望される方は、申込締切日までに協会（お問い合わせフォーム）までご相談ください（申込締切日以降のお申し出には対応できかねます）。

③検定料を支払われた後は、受検級・受検地を含む内容変更および取り消し・返金は、いかなる場合もできません。また、次回以降の振り替え、団体受検や漢検CBTへの変更もできません。

3 受検票が届く

受検票は検定日の約1週間前にお届けします。4日前になっても届かない場合、協会までお問い合わせください。

お問い合わせ窓口

電話番号 フリーコール **0120-509-315**（無料）
（海外からはご利用いただけません。
ホームページよりメールでお問い合わせください。）

お問い合わせ時間 月～金 9時00分～17時00分
（祝日・お盆・年末年始を除く）
※検定日とその前日の土、日は開設
※検定日は9時00分～18時00分

メールフォーム https://www.kanken.or.jp/kanken/contact/

4 検定日当日

検定時間

2級	：10時00分〜11時00分	（60分間）
準2級	：11時50分〜12時50分	（60分間）
8・9・10級	：11時50分〜12時30分	（40分間）
1・3・5・7級	：13時40分〜14時40分	（60分間）
準1・4・6級	：15時30分〜16時30分	（60分間）

持ち物

受検票、鉛筆（HB、B、2Bの鉛筆またはシャープペンシル）、消しゴム

※ボールペン、万年筆などの使用は認められません。ルーペ持ち込み可。

注意

①会場への車での来場（送迎を含む）は、周辺の迷惑になりますのでご遠慮ください。
②検定開始時刻の15分前を目安に受検教室までお越しください。答案用紙の記入方法などを説明します。
③携帯電話やゲーム、電子辞書などは、電源を切り、かばんにしまってから入場してください。
④検定中は受検票を机の上に置いてください。
⑤答案用紙には、あらかじめ名前や生年月日などが印字されています。
⑥検定日の約5日後に漢検ホームページにて標準解答を公開します。

5 合否の通知

検定日の約40日後に、受検者全員に「検定結果通知」を郵送します。合格者には「合格証書」・「合格証明書」を同封します。欠席者には検定問題と標準解答をお送りします。

受検票は検定結果が届くまで大切に保管してください。

注目

進学・就職に有利！合格者全員に合格証明書発行

大学・短大の推薦入試の提出書類に、また就職の際の履歴書に添付してあなたの漢字能力をアピールしてください。合格者全員に、合格証書と共に合格証明書を2枚、無償でお届けいたします。

合格証明書が追加で必要な場合は有償で再発行できます。

次の❶〜❹を同封して、協会までお送りください。約1週間後、お手元にお届けします。

❶合格証明書再発行申請書（漢検ホームページよりダウンロード可能）もしくは氏名・住所・電話番号・生年月日、および受検年月日・受検級を明記したもの
❷本人確認資料（学生証、運転免許証、健康保険証など）のコピー
❸住所・氏名を表に明記し切手を貼った返信用封筒
❹証明書1枚につき発行手数料として500円の定額小為替

団体受検の申し込み

学校や企業などで志願者が一定以上まとまると、団体申込ができ、自分の学校や企業内で受検できる制度もあります。団体申込を扱っているかどうかは先生や人事関係の担当者に確認してください。

「漢検」受検の際の注意点

【字の書き方】

問題の答えは楷書で大きくはっきり書きなさい。乱雑な字や続け字、また、行書体や草書体のようにくずした字は採点の対象とはしません。

特に漢字の書き取り問題では、答えの文字は教科書体をもとにして、はねるところ、とめるところなどもはっきり書きましょう。また、画数に注意して、一画一画を正しく、明確に書きなさい。

《例》

○熱　×熱

○言　×言

○糸　×糸

【字種・字体について】

(1)日本漢字能力検定2～10級においては、「常用漢字表」に示された字種で書きなさい。つまり、表外漢字（常用漢字表にない漢字）を用いると、正答とは認められません。

《例》

○交差点　×交叉点　（「叉」が表外漢字）

○寂しい　×淋しい　（「淋」が表外漢字）

(2)日本漢字能力検定2～10級においては、「常用漢字表」に示された字体で書きなさい。なお、「常用漢字表」に参考として示されている康熙（こうき）字典体など、旧字体と呼ばれているものを用いると、正答とは認められません。

《例》

○真　×眞

○渉　×涉

○飲　×飮

○迫　×迫

○弱　×弱

(3)一部例外として、平成22年告示「常用漢字表」で追加された字種で、許容字体として認められているものや、その筆写文字と印刷文字との差が習慣の相違に基づくとみなせるものは正答と認めます。

《例》

餌 ➡ 餌　と書いても可

遜 ➡ 遜　と書いても可

葛 ➡ 葛　と書いても可

溺 ➡ 溺　と書いても可

箸 ➡ 箸　と書いても可

注意　(3)において、どの漢字が当てはまるかなど、一字一字については、当協会発行図書（2級対応のもの）掲載の漢字表で確認してください。

公益財団法人 日本漢字能力検定協会

漢検

漢検過去問題集

10級

漢検 公益財団法人 日本漢字能力検定協会

●この本に関するアンケート●

今後の出版事業に役立てたいと思いますので、アンケートにご協力ください。抽選で粗品をお送りします。

◆PC・スマートフォンの場合

下記 URL、または二次元コードから回答画面に進み、画面の指示に従ってお答えください。

https://www.kanken.or.jp/kanken/textbook/past.html

◆愛読者カード（ハガキ）の場合

この本に挟み込んでいるハガキに切手をはり、お送りください。

もくじ

ふろく

この本のつかいかた

この本は、2021・2022年度に行った日本漢字能力検定（漢検）10級の「しけんもんだい」と、その「標準解答（こたえ）」をおさめたものです。

さらに、検定での注意事項、「しけんもんだい」の実物大見本、合格者平均得点など、受検にあたって知っておきたい情報をおさめました。

1 「しけんもんだい」を解く

2021・2022年度に行った「しけんもんだい」のうち、13回分をおさめました。

1回分の問題は見開きで6ページです（図1）。

「しけんもんだい」は、段ごとに右ページから左ページへつづけて見てください。

図1「しけんもんだい」

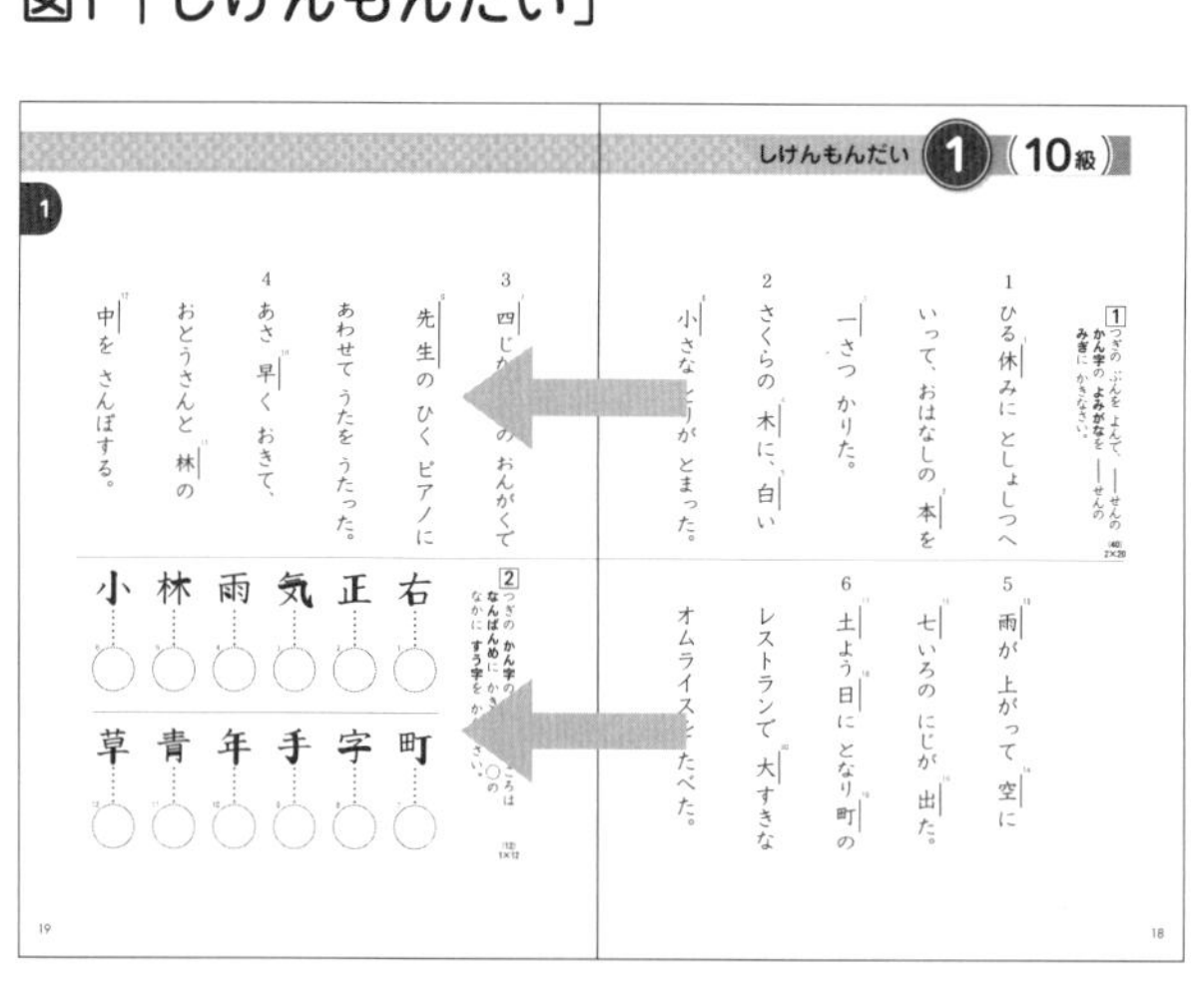

10級の検定時間は40分です。時間をはかりながら、1回分を通して解きましょう。

2 別冊の「標準解答（こたえ）」で答え合わせ

各問題の標準解答は別冊にまとめました。1回分は見開きで4ページです（図2）。

10級は150点満点です。80％程度正解を合格のめやすとしてください。

また、「しけんもんだい」**1**～**10**と実物大見本（**13**）の解答には、1 2 3……の大問ごとに**合格者平均得点**をつけました。問題のむずかしさを知る手がかりとしてください。

図2「標準解答（こたえ）」

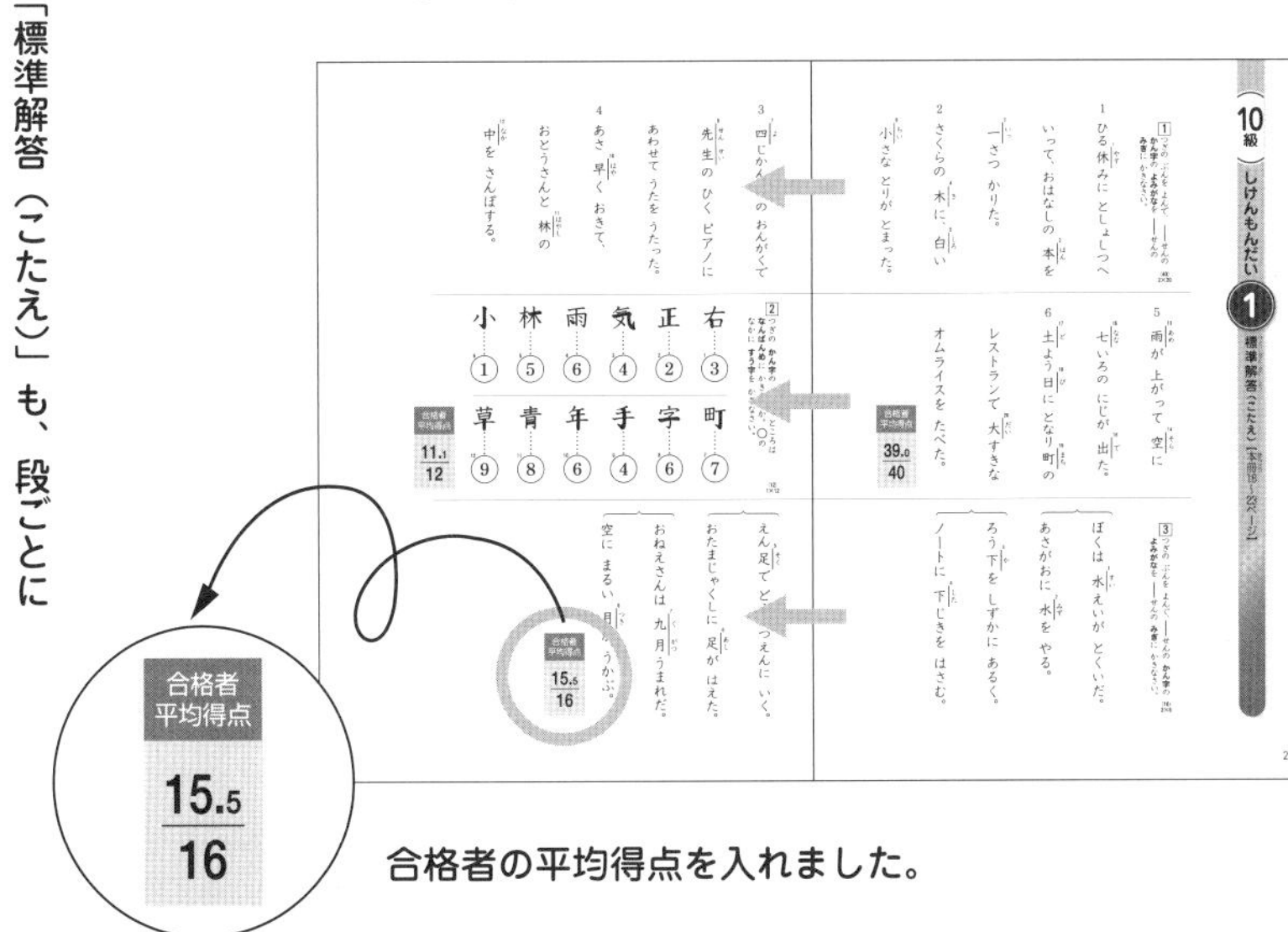

「標準解答（こたえ）」も、段ごとに右ページから左ページへつづけて見てください。

合格者の平均得点を入れました。

3 「検定ではここにちゅうい！」をチェック

検定当日の注意事項や、実際の答案記入にあたって注意していただきたいことをまとめました。

ここをしっかり読んで、検定当日に備えてください。

4 巻末―しけんもんだい実物大見本

「しけんもんだい」13は、巻末に実物とほぼ同じ大きさ・形式でおさめています（図3～図6）。

検定は、問題用紙に直接解答を書きこむ形式で行います。この見本をつかって、実際の解答形式になれておきましょう。

図3 実物大見本1枚目（おもて）

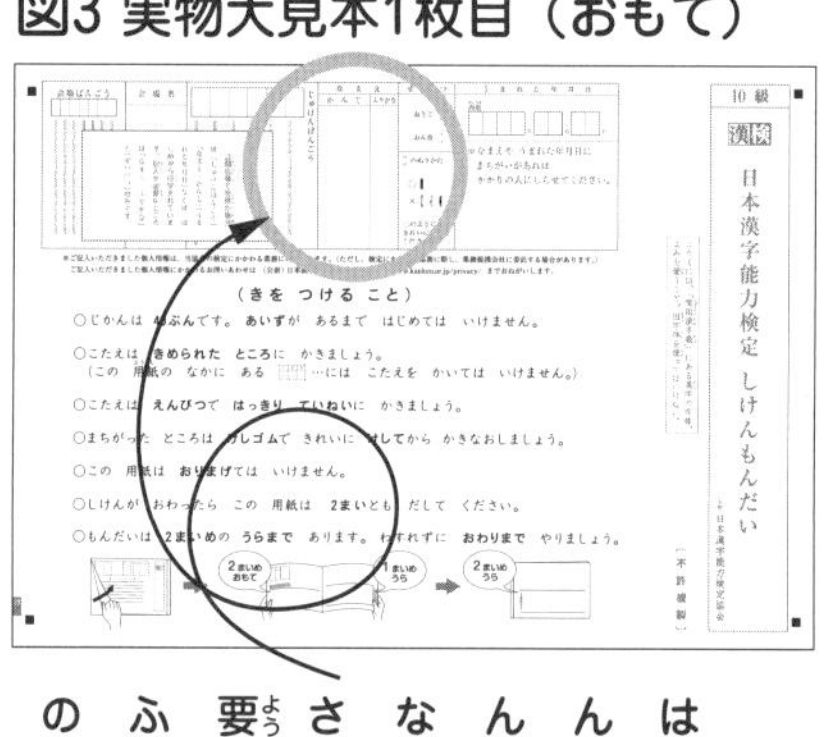

公開会場で受検の場合は、この部分の「じゅけんばんごう」「なまえ・かんじ」「うまれた年月日」などは、はじめから印字されています。記入が必要なところは「なまえ・ふりがな」と「せいべつ」のみです。

図4 実物大見本1枚目（うら）

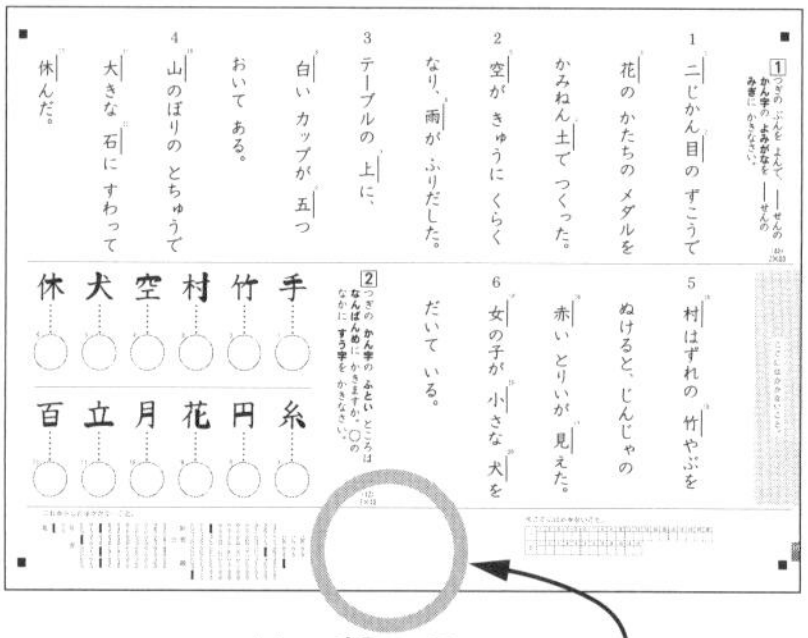

答えは決められたところに書きましょう。この部分には何も書いてはいけません。

●巻頭―カラー口絵

主な出題内容、採点基準、および審査基準などをのせました。

●ふろく―9級の問題と標準解答

9級の「しけんもんだい」1回分を、10級の「しけんもんだい」の後にのせました（標準解答は別冊です）。

●データでみる「漢検」

「漢検」受検者の年齢層別割合・大問別正答率を、別冊の最後にまとめました。

図5 実物大見本2枚目（おもて）

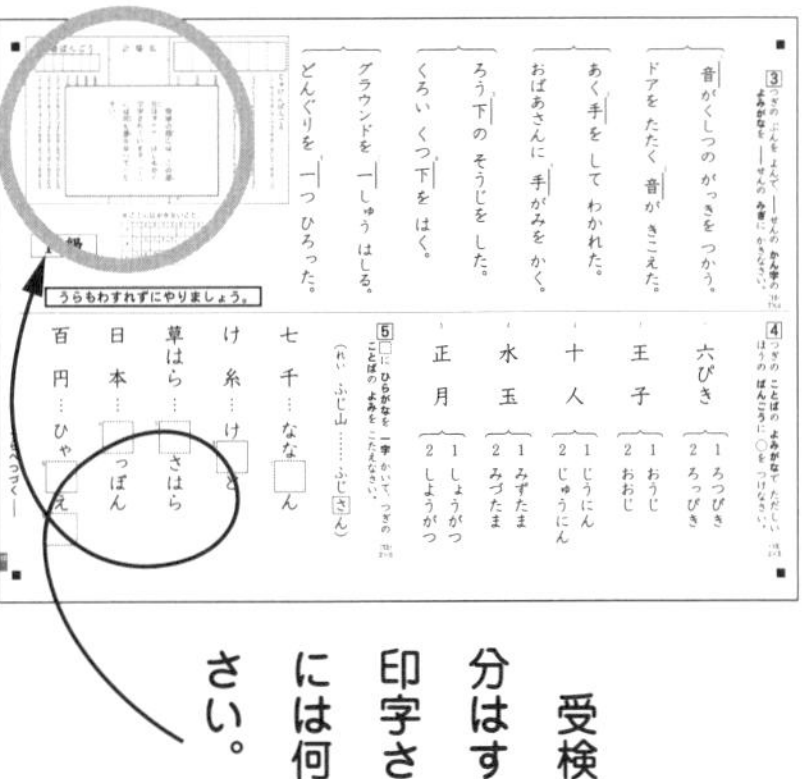

受検の際には、この部分はすべて、はじめから印字されています。ここには何も書かないでください。

図6 実物大見本2枚目（うら）

2枚目のうらにも問題があります。わすれずに、かならず最後までやりましょう。

検定ではここにちゅうい！

当日は 何を もって いけば よいですか？

受検票（公開会場の 場合）と 筆記用具は かならず もって きて ください。受検票は 検定日の 1週間くらい 前に とどきます。

えんぴつ または シャープペンシルは ＨＢ・Ｂ・２Ｂの ものを つかって ください。何本か 多めに もって いくと よいでしょう。けしゴムも わすれずに もって いきましょう。

その ほかに ちゅういする ことは 何ですか?

検定が はじまる 10分前から 説明を しますので、 はじまりの 15分前には 会場に 入り、 せきに ついて ください。

けいたい電話や ゲームなどは、 電源を 切り、 かばんに しまってから 会場に 入りましょう。

せきに ついたら、 受検票と えんぴつ（または シャープペンシル）・けしゴムを つくえの 上に おいて、 かかりの 人の 説明を よく 聞いて ください。

じっさいの もんだい用紙(ようし)は どんな ものですか?

10級(きゅう)の もんだい用紙は 2まい(おもてと うらで 4ページ)あります。1まい目の おもてには「きを つける こと」が 書(か)いて ありますので、はじめに ここを よく 読(よ)みましょう。

10級では、もんだい用紙と 答案(とうあん)用紙は べつべつに なって いません。答(こた)えは すべて もんだい用紙に そのまま 書きこんで ください。もんだいは 2まい目の うらまで あります。わすれずに やりましょう。

この 本の 一番(いちばん) 後(うし)ろには、じっさいの もんだい用紙と ほぼ 同(おな)じ 大きさの 見本が ついて います。この 見本を つかって、れんしゅうして みましょう。

※保護者の方・指導者の方へ――公開会場で受検の場合は、名前(「かんじ」の欄)は最初から印字されています。

もんだいに 答える ときに、ちゅういする ことは 何ですか？

もんだい文に、答える 部分や 答え方などが 書いて ある ときは、その とおりに 答えて ください。

たとえば、「――せんの かん字」と ある ところでは、「――せんの かん字」部分だけを 答えましょう。

もんだい文に 書いて ある とおりの 答え方を しないと、ふせいかいと なります。もんだい文を おちついて、よく 読んでから、答える ように しましょう。

★れい★

〈もんだい〉

つぎの ――せんの かん字の よみがなを ――せんの みぎに かきなさい。

かいだんを 下りる。

〈こたえ〉

かいだんを 下りる。（お）……○

かいだんを 下りる。（おりる）……×

かいだんを 下りる。（お）……×

答えの 書き方で ちゅういする ことは 何ですか？

漢字を 書く ときは、ていねいに、はっきりと 書いて ください。くずした 字や ざつな 字は ふせいかいと なります。

教科書の 字（手書きの 字に 近いと される）を お手本に して、はねる ところ、とめる ところなども はっきり 書きましょう。

とくに 下の ことに ちゅういして ください。

①画数を 正しく 書く
★れい★ 糸…○ 糸…×

②字の ほね組みを 正しく 書く
★れい★ 四…○ 皿…×

③つき出る ところ、つき出ない ところを 正しく 書く
★れい★ 車…○ 車…×

④字の 組み立てを 正しく 書く
★れい★ 校…○ 校…×

⑤一画ずつ ていねいに 書く
★れい★ 山…○ 山…×

また、ひらがなを 書く ときも、漢字で 書く ときと 同じように、ていねいに 書いて ください。
とくに つぎの ことに ちゅういして ください。

①形が にて いる ひらがな
・さいごに 書く ところを はっきりと 書く
★れい★ ぬ・め／ね・れ・わ／る・ろ など
・バランス・画の まげ方に 気を つける
★れい★ て・へ／か・や／く・し／ゆ・わ／く・ん など

②拗音「ゃ」「ゅ」「ょ」や 促音「っ」は 小さく 右に よせて 書く
★れい★ いしゃ…◯　いしや…×
がっこう…◯　がつこう…×

③濁点「゛」や 半濁点「゜」を はっきり 書く
★れい★ ず…◯　す…×　ず…×
ぱ…◯　ば…×　ば…×

つぎの 漢字は どちらが 正しい 書き方ですか？

雨 「雨」か「雨」か

文 「文」か「文」か

糸 「糸」か「糸」か

女 「女」か「女」か

どちらの 書き方でも 正解と します。

こうした ちがいは、活字（いんさつされた 字）と 手書きの 字との ちがいです。

検定では、教科書の 字（手書きの 字に 近いと される）を お手本に して 書く ことを すすめて いますが、ふつうの 活字と 手書きの 字との ちがいの 中には、どちらで 書いても よい ものが あります。ここに あげた 漢字は、その 一部(いちぶ)です。
つぎに、こうした れいを あげて おきます。

①長(なが)いか、みじかいか
戸―戸戸戸　雨―雨雨

②むきは どちらか
言―言言言　風―風風

③つけるか、はなすか
文―文文　月―月月

④はらうか、とめるか
公―公公　角―角角

⑤はねるか、とめるか
糸―糸糸　切―切切切

⑥その他(た)
女―女女　外―外外外

しけんもんだい	学習した日	点　数
1	月　日	点
2	月　日	点
3	月　日	点
4	月　日	点
5	月　日	点
6	月　日	点
7	月　日	点
8	月　日	点
9	月　日	点
10	月　日	点
11	月　日	点
12	月　日	点
13 実物大見本	月　日	点

○学習した日と点数を記入しましょう。

10級 しけんもんだい

しけんもんだい 1（10級）

1 つぎの ぶんを よんで、――せんの **かん字**の **よみがな**を ――せんの **みぎ**に かきなさい。 (40) 2×20

1 ひる休[1]みに としょしつへ いって、おはなしの 本[2]を 一[3]さつ かりた。

2 さくらの 木[4]に、白[5]い 小[6]さな とりが とまった。

5 雨[13]が 上がって 空[14]に 七[15]いろの にじが 出[16]た。

6 土[17]よう日[18]に となり町[19]の レストランで 大[20]すきな オムライスを たべた。

1

3 四[7]じかん目[8]の おんがくで 先生[9]の ひく ピアノに あわせて うたを うたった。

4 あさ 早[10]く おきて、おとうさんと 林[11]の 中[12]を さんぽする。

---

2 つぎの **かん字**の **ふとい** ところは **なんばんめ**に かきますか。○の なかに **すう字**を かきなさい。

(12)
1×12

右 (1) 正 (2) 気 (3) 雨 (4) 林 (5) 小 (6)

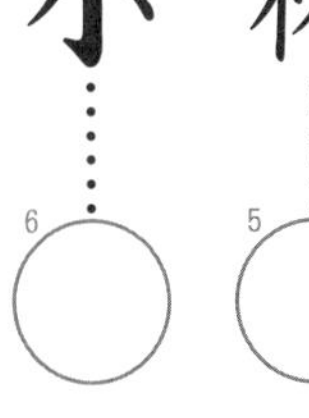

町 (7) 字 (8) 手 (9) 年 (10) 青 (11) 草 (12)

3 つぎの ぶんを よんで、――せんの **かん字**の **よみがな**を ――せんの **みぎ**に かきなさい。 (16) 2×8

ぼくは 水[1]えいが とくいだ。

あさがおに 水[2]を やる。

ろう下[3]を しずかに あるく。

ノートに 下[4]じきを はさむ。

4 つぎの **ことば**の **よみがな**で ただしい ほうの **ばんごう**に ◯を つけなさい。 (10) 2×5

1 八千
1 はつせん
2 はっせん

2 王さま
1 おうさま
2 おおさま

3 あく手
1 あくしゅ
2 あくしゆ

4 名人
1 めえじん
2 めいじん

5 百さい
1 ひやくさい
2 ひゃくさい

えん足[5]で どうぶつえんに いく。

おたまじゃくしに 足[6]が はえた。

おねえさんは 九月[7]うまれだ。

空に まるい 月[8]が うかぶ。

5 □に **ひらがな**を **一字** かいて、つぎの **ことば**の **よみ**を こたえなさい。 (12) 2×6

（れい ふじ山……ふじ[さ]ん）

男子…だ[1] し

空気…く[2] き

小川…おが[3]

六つ…[4] っつ

こん虫…こん[5] ゆ [6]

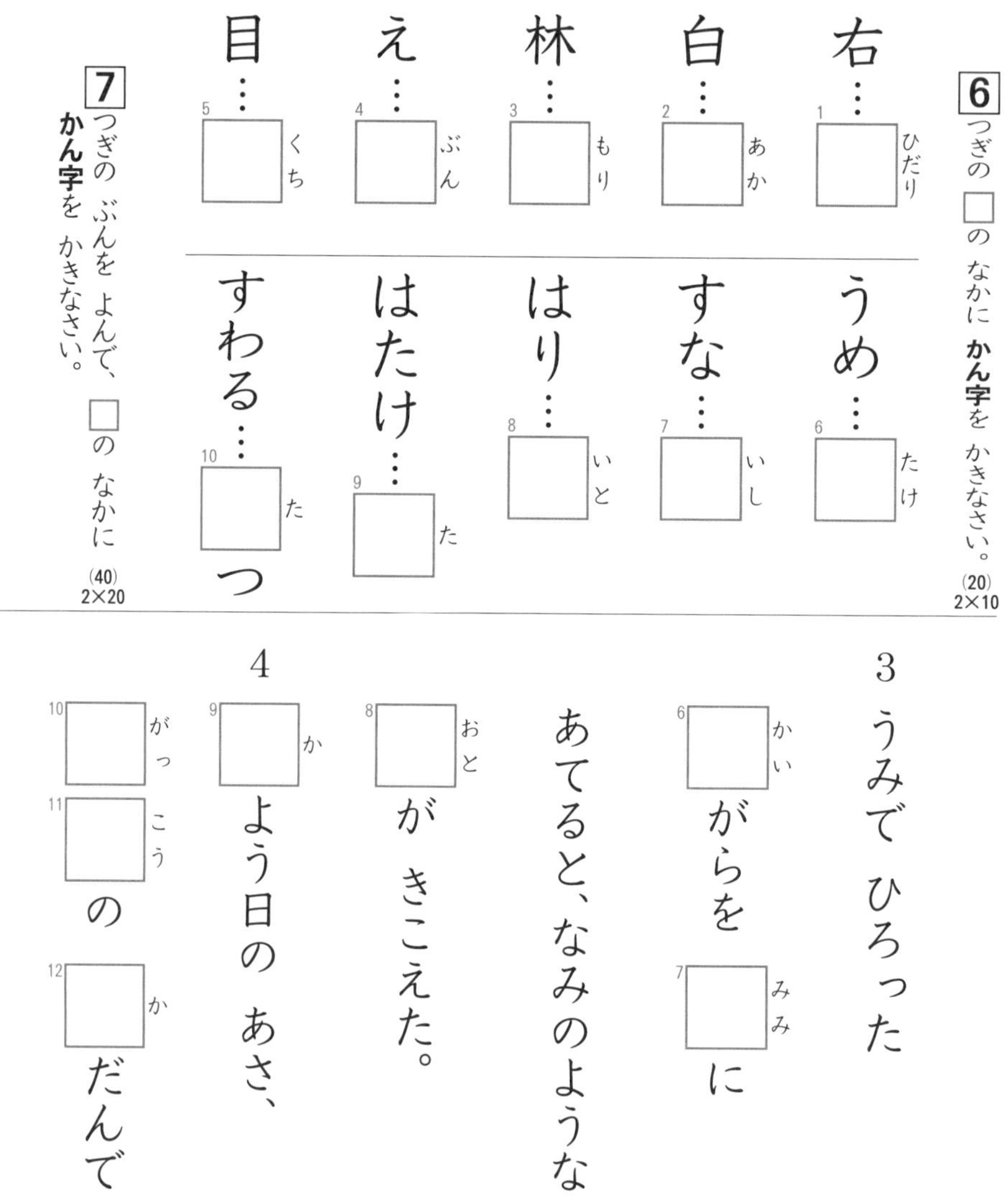

6 つぎの □の なかに **かん字**を かきなさい。 (20) 2×10

右…1 □（ひだり）

白…2 □（あか）

林…3 □（もり）

え…4 □（ぶん）

目…5 □（くち）

うめ…6 □（たけ）

すな…7 □（いし）

はり…8 □（いと）

はたけ…9 □（た）

すわる…10 □（た）つ

7 つぎの ぶんを よんで、□の なかに **かん字**を かきなさい。 (40) 2×20

3 うみで ひろった 6 □（かい）がらを 7 □（みみ）に あてると、なみのような 8 □（おと）が きこえた。

4 9 □（か）よう日の あさ、10 □（がっ）11 □（こう）の 12 □（か）だんで

10級

1

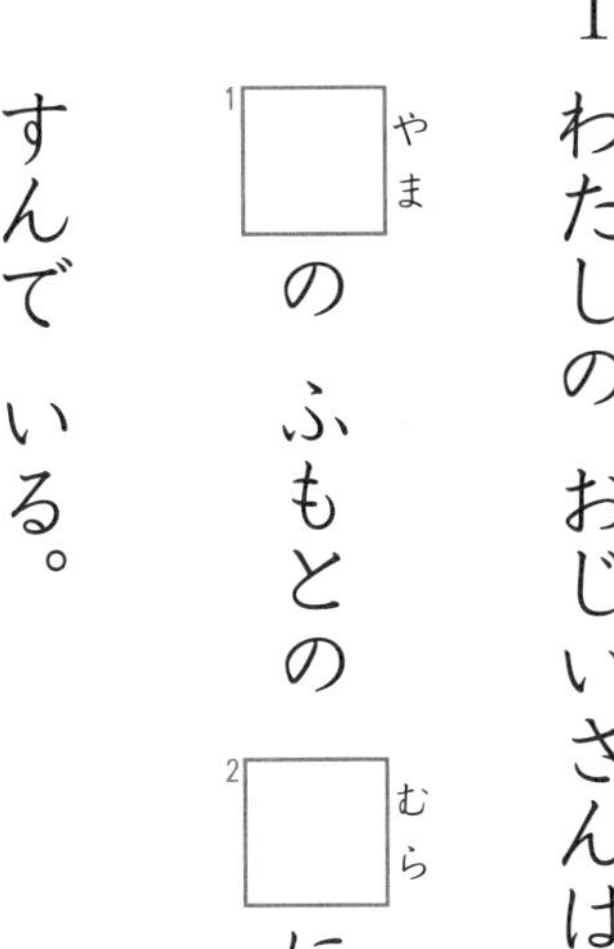

1 わたしの おじいさんは
1□(やま)の ふもとの 2□(むら)に
すんで いる。

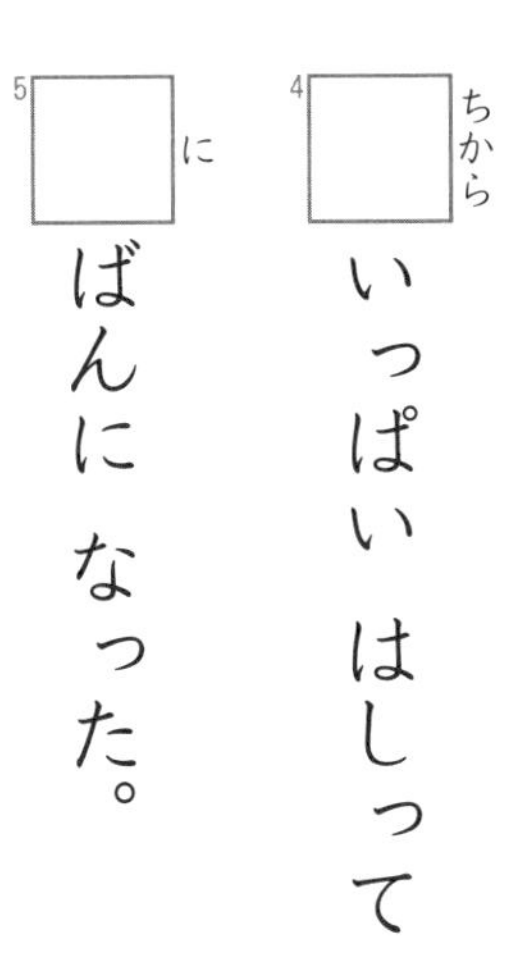

2 3□(ご)十メートルそうで、
4□(ちから) いっぱい はしって
5□(に)ばんに なった。

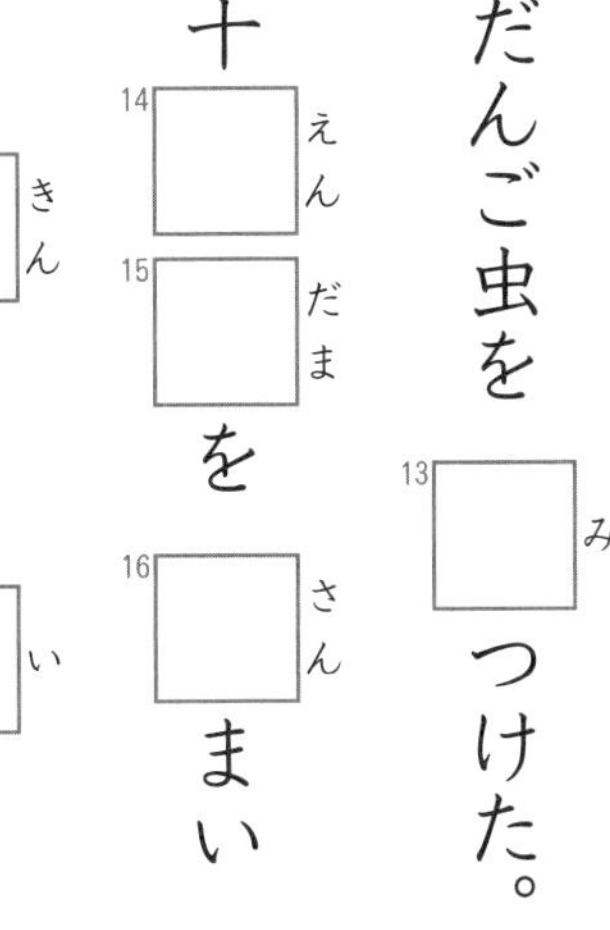

だんご虫を 13□(み)つけた。

5 十14□(えん)15□(だま)を 16□(さん)まい
ちょ17□(きん)ばこに 18□(い)れる。

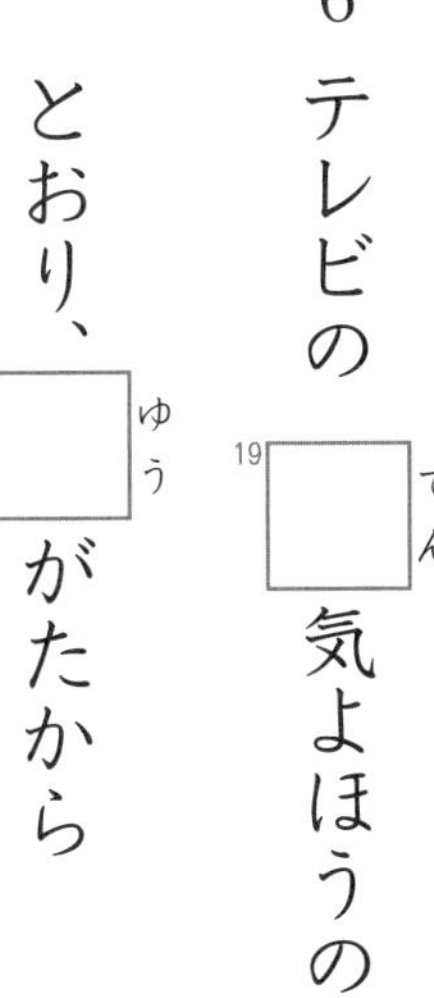

6 テレビの 19□(てん)気よほうの
とおり、20□(ゆう)がたから
雨に なった。

▼解答(かいとう)(こたえ)は別冊(べっさつ)2～5ページ

しけんもんだい 2（10級）

1 つぎの ぶんを よんで、――せんの **かん字**の **よみがな**を ――せんの **みぎ**に かきなさい。 (40) 2×20

1 ずこうの じかんに、ねん土[1]で、口[2]を あけて いる かばを 二[3]とう つくった。

2 山[4]に いった とき、木[5]の

4 天気[13]の よい 日[14]に、あさ 早[15]くから 林[16]で 虫[17]とりを した。

5 小[18]さな 貝[19]がらを 一[20]つ ともだちに あげた。

2

えだに [6]青い とりが
とまって いるのを [7]見た。

3

[8]四じかんめに [9]先生が
[10]本を よんで くれた。
やさしい [11]王さまが [12]出て
くる おはなしだった。

---

2 つぎの **かん字**の **ふとい** ところは **なんばんめ**に かきますか。〇の なかに **すう字**を かきなさい。

(12) 1×12

1	2	3	4	5	6
左	月	正	先	草	糸
〇	〇	〇	〇	〇	〇

7	8	9	10	11	12
竹	名	村	下	字	見
〇	〇	〇	〇	〇	〇

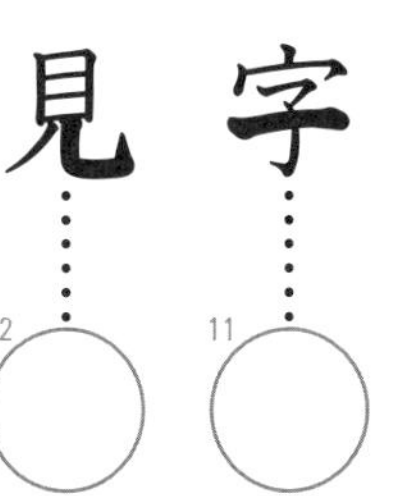

3 つぎの ぶんを よんで、――せんの **かん字**の **よみがな**を ――せんの **みぎ**に かきなさい。 (16) 2×8

にわの ざっ草[1]を ぬいた。

うしが 草[2]を たべて いる。

あしたの えん足[3]が たのしみだ。

この くつは 足[4]に ぴったりだ。

4 つぎの **ことば**の **よみがな**で ただしい ほうの **ばんごう**に ○を つけなさい。 (10) 2×5

1 正月
1 しようがつ
2 しょうがつ

2 すう字
1 すうぢ
2 すうじ

3 百円
1 ひゃくえん
2 ひやくえん

4 七名
1 ななめえ
2 ななめい

5 八ぴき
1 はっぴき
2 はつぴき

らい年[5]の はるに ひっこす。

お年[6]よりに せきを ゆずる。

きのうは 九[7]じに ねた。

だんごを 九[8]つ かった。

5 □に **ひらがな**を **一字** かいて、つぎの **ことば**の **よみ**を こたえなさい。 (12) 2×6

(れい ふじ山……ふじ[さん])

小川…おが[1]□

玉入れ…た[2]□[3]□れ

男女…だ[4]□じょ

三かく…[5]□んかく

よう虫…ようちゅ[6]□

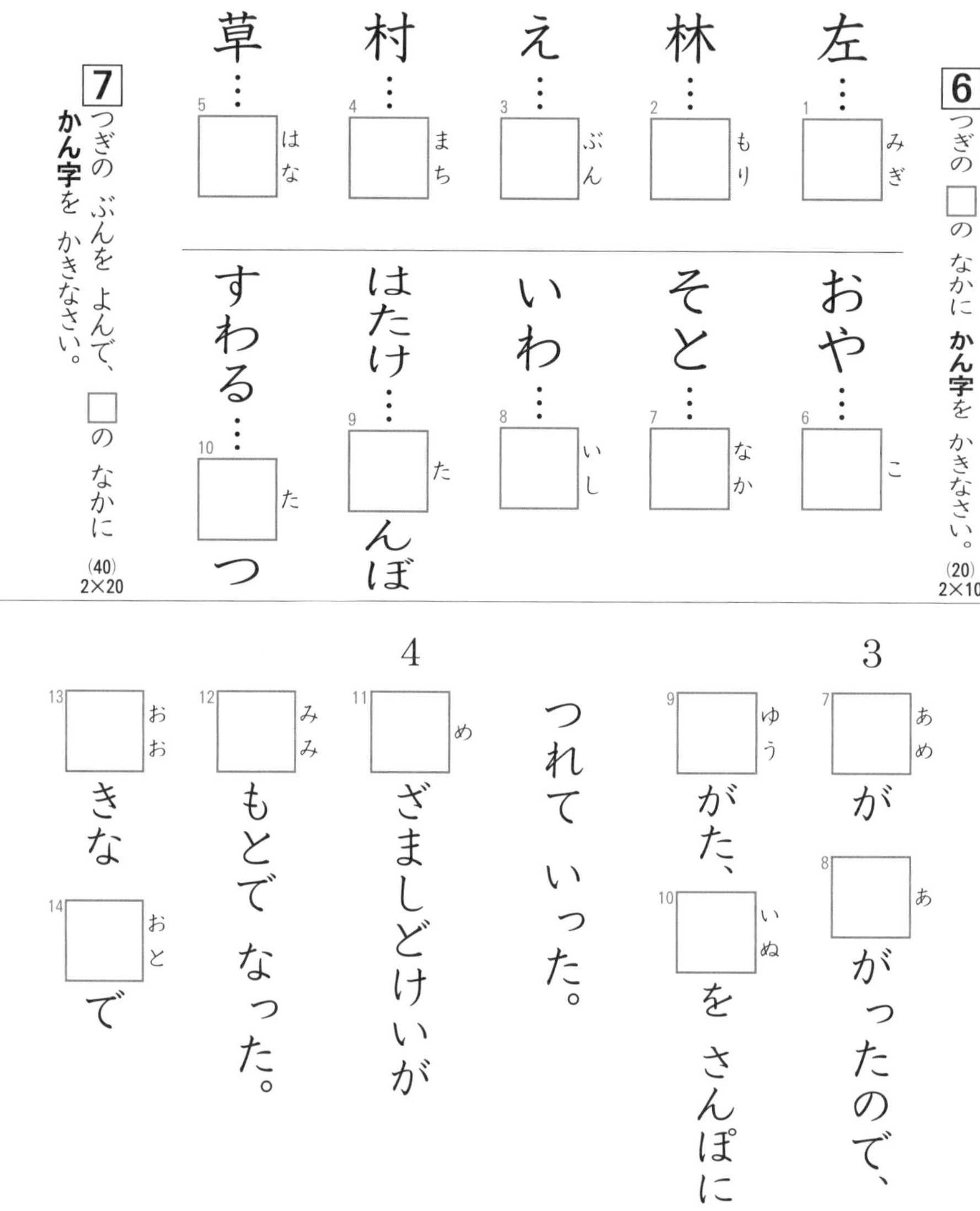

6 つぎの □の なかに **かん字**を かきなさい。 (20) 2×10

左…1□(みぎ)

林…2□(もり)

え…3□(ぶん)

村…4□(まち)

草…5□(はな)

おや…6□(こ)

そと…7□(なか)

いわ…8□(いし)

はたけ…9□(た)んぼ

すわる…10□(た)つ

7 つぎの ぶんを よんで、□の なかに **かん字**を かきなさい。 (40) 2×20

3 7□(あめ)が 8□(あ)がったので、9□(ゆう)がた、10□(いぬ)を さんぽに つれて いった。

4 11□(め)ざましどけいが 12□(みみ)もとで なった。13□(おお)きな 14□(おと)で

2

1 □[1]（やす）みの 日に かぞく □[2]（ご）□[3]（にん）で、□[4]（くるま）に のって 出かけた。

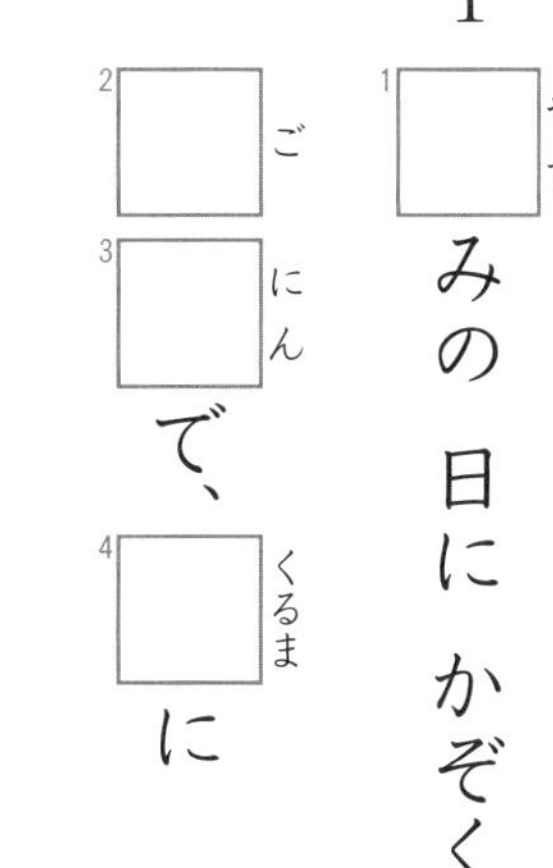

2 たんぽぽの □[5]（しろ）い わたげが □[6]（そら）に ふわふわ とんで いった。

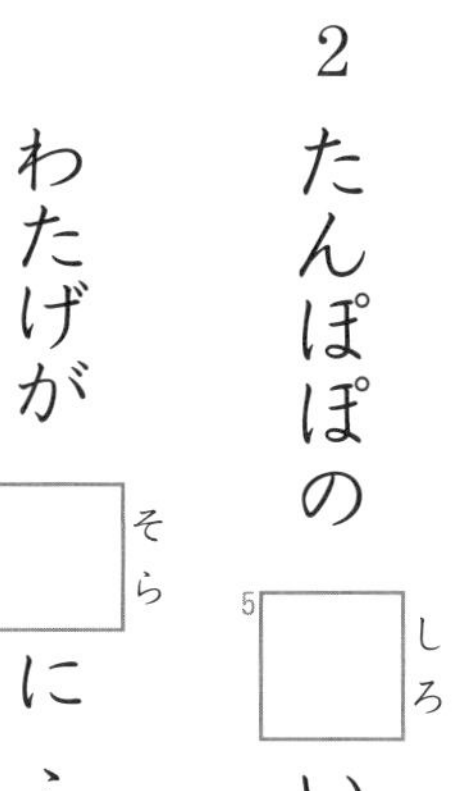

おどろいた。

5 □[15]（ろく）年生の おねえさんと □[16]（て）を つないで □[17]（がっ）□[18]（こう）に いく。

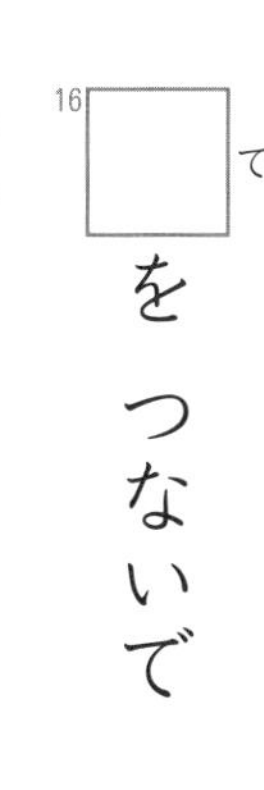

6 □[19]（すい）そうの □[20]（きん）ぎょに えさを やる。

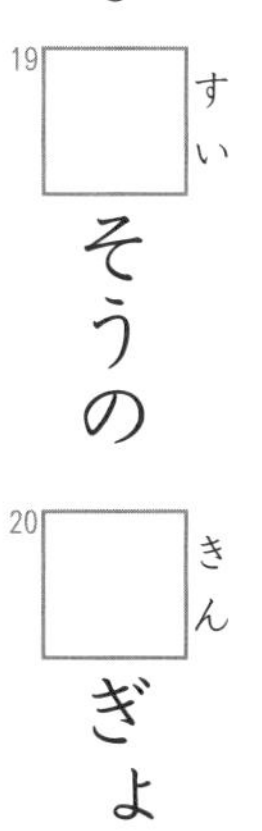

▼解答（かいとう）(こたえ)は別冊（べっさつ）6～9ページ

しけんもんだい 3 (10級)

1 つぎの ぶんを よんで、――せんの **かん字**の **よみがな**を ――せんの **みぎ**に かきなさい。 (40) 2×20

1 先生[1]に 名まえを よばれたので、へんじを して 立[2]ち上[3]がった。

2 日[4]よう日の あさ 早[5]く 犬[6]を つれて ちかくの

5 雨[14]が やんで、空[15]に 七[16]いろの にじが かかる。

6 大[17]きな 石[18]の そばに 白[19]い 花が さいて いるのを 見[20]つけた。

森[7]を さんぽした。

3 よなかに つよい かぜの 音[8]が して 目[9]が さめた。

4 かぞくで 町[10]へ かいものに 出[11]かけた。ぼくは 本[12]を 二[13]さつ かって もらった。

---

2 つぎの **かん字**の **ふとい** ところは **なんばんめ**に かきますか。◯の なかに **すう字**を かきなさい。

(12) 1×12

1 金 ◯

2 正 ◯

3 花 ◯

4 虫 ◯

5 空 ◯

6 立 ◯

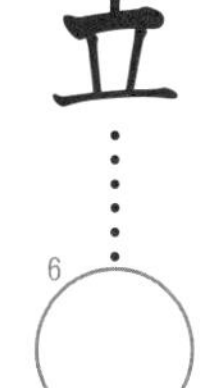

7 竹 ◯

8 出 ◯

9 雨 ◯

10 文 ◯

11 白 ◯

12 町 ◯

3 つぎの ぶんを よんで、――せんの **かん字**の **よみがな**を ――せんの **みぎ**に かきなさい。 (16) 2×8

1 金ぎょに えさを やる。

ぎんこうに お2金を あずける。

こん3虫の ずかんを かった。

とんぼを 4虫かごに 入れる。

4 つぎの **ことば**の **よみがな**で ただしい ほうの **ばんごう**に ◯を つけなさい。 (10) 2×5

1 名人
1 めいじん
2 めえじん

2 八こ
1 はつこ
2 はっこ

3 女子
1 ぢょし
2 じょし

4 空中
1 くうちゆう
2 くうちゅう

5 上下
1 じょうげ
2 じょおげ

5五じに えきに ついた。

かごに りんごを 6五つ もる。

はたけの ざっ7草を ぬく。

8草はらで おにごっこを した。

5 □に **ひらがな**を **一字** かいて、つぎの **ことば**の **よみ**を こたえなさい。 (12) 2×6

（れい ふじ山……ふじ[さ]ん）

花火…はな1□

らい年…らい2□ん

貝がら…か3□がら

竹かご…4□けかご

一円玉…い5□え6□だま

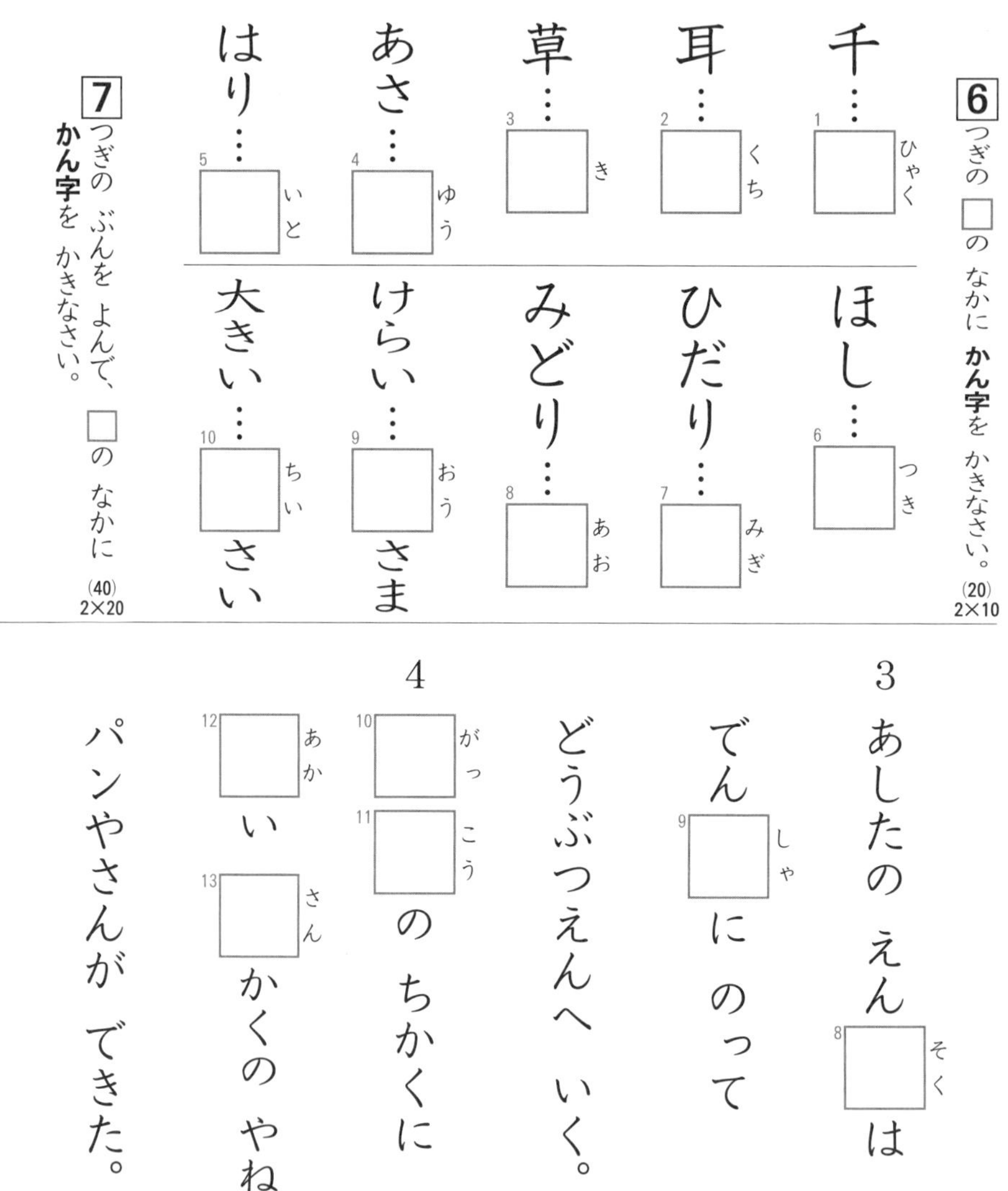

6 つぎの □の なかに **かん字**を かきなさい。 (20) 2×10

千…1□（ひゃく）

耳…2□（くち）

草…3□（き）

あさ…4□（ゆう）

はり…5□（いと）

ほし…6□（つき）

ひだり…7□（みぎ）

みどり…8□（あお）

けらい…9□（おう）さま

大きい…10□（ちい）さい

7 つぎの ぶんを よんで、□の なかに **かん字**を かきなさい。 (40) 2×20

3 あしたの えん8□（そく）は でん9□（しゃ）に のって どうぶつえんへ いく。

4 10□（がっ）11□（こう）の ちかくに 12□（あか）い 13□（さん）かくの やねの パンやさんが できた。

1 ひる 1□（やす）みに 2□（ろく）年生と いっしょに あそんだ。

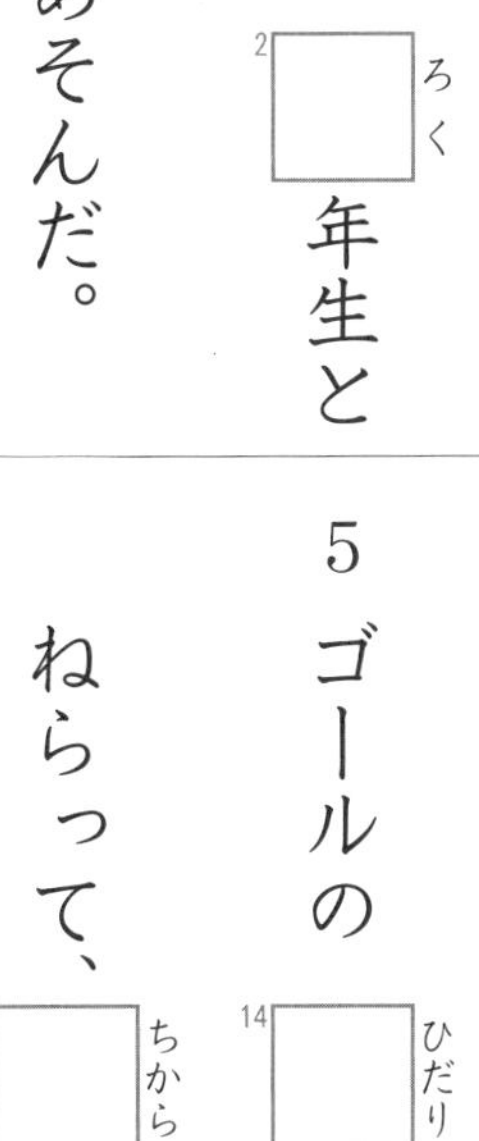

2 3□（はやし）を ながれる 4□（かわ）に 5□（て）を つけて みた。

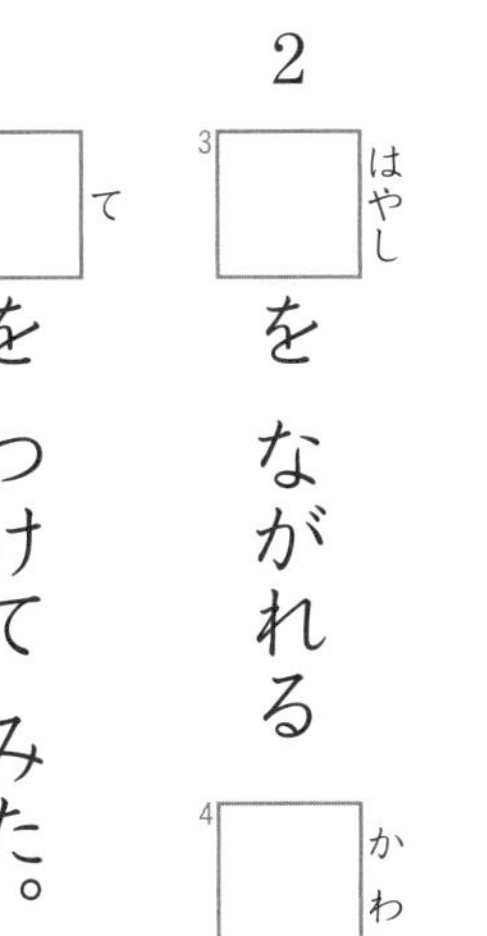

6□（みず）が つめたくて とても 7□（き）もちが よかった。

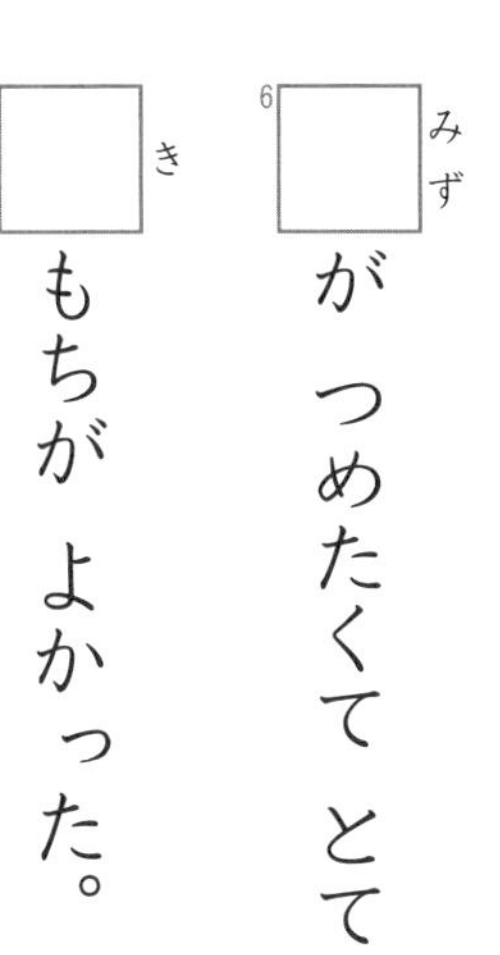

5 ゴールの 14□（ひだり）はしを ねらって、15□（ちから）いっぱい サッカーボールを ける。

6 16□（むら）の 17□（た）んぼで 18□（よ）人の 19□（おとこ）の 人が 20□（つち）を たがやして いる。

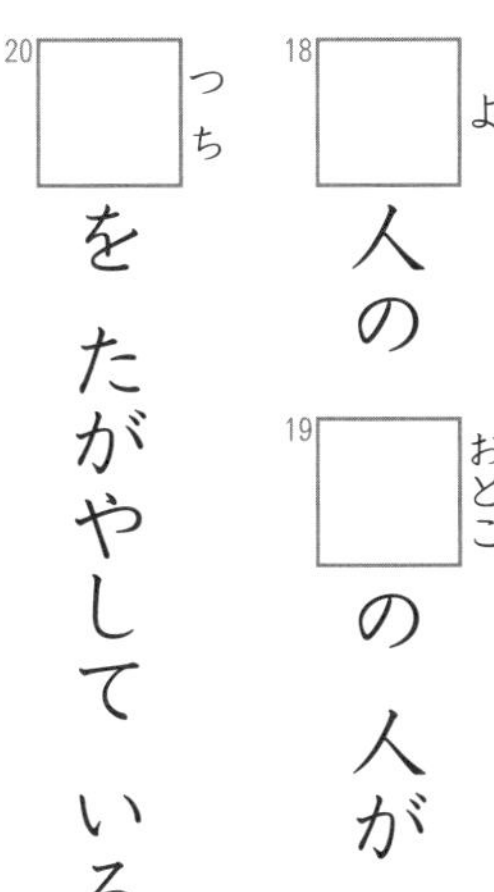

▼解答（かいとう）（こたえ）は別冊（べっさつ）10～13ページ

しけんもんだい 4 （10級）

1 つぎの ぶんを よんで、——せんの **かん字**の **よみがな**を ——せんの **みぎ**に かきなさい。 (40) 2×20

1 こうえんで、三人[1]の 女の子[2]が シャボン玉[3]を とばして あそんで いた。

2 まいあさ、校[4]もんの まえで 先生[5]に あいさつを する。

5 名[14]まえを よばれたので、げん気[15]よく へんじを して 立[16]ちあがる。

6 石[17]を うごかすと、下[18]に 小[19]さい 虫[20]が いた。

3 休[6]みの 日[7]に、ちかくの としょかんで 本[8]を 四[9]さつ かりた。

4 うえ木[10]ばちに 土[11]を 入[12]れて、花[13]の たねを まいた。

2 つぎの **かん字**の **ふとい** ところは **なんばんめ**に かきますか。○の なかに **すう字**を かきなさい。

(12) 1×12

山	竹	学	天	出	石
1 ○	2 ○	3 ○	4 ○	5 ○	6 ○

青	田	花	玉	休	足
7 ○	8 ○	9 ○	10 ○	11 ○	12 ○

3 つぎの ぶんを よんで、――せんの **かん字**の **よみがな**を ――せんの **みぎ**に かきなさい。 (16) 2×8

とりが 1一わ とび立った。

ぶどうを 2一つぶ たべる。

あすの えん3足が たのしみだ。

ころんで 4足くびを いためた。

4 つぎの **ことば**の **よみがな**で ただしい ほうの **ばんごう**に ◯を つけなさい。 (10) 2×5

1 十円
1 じゆうえん
2 じゅうえん

2 六かい
1 ろっかい
2 ろつかい

3 かん字
1 かんぢ
2 かんじ

4 左右
1 さゆう
2 さいう

5 町名
1 ちょうめい
2 ちょおめい

5 ろう下の 右がわを あるく。
6 ながい かいだんを 下りる。

7 おとうさんは 五じに おきる。

8 あめを 五つ もらった。

---

5 □に **ひらがな**を **一字** かいて、つぎの **ことば**の **よみ**を こたえなさい。 (12) 2×6

（れい ふじ山……ふじ[さ]ん）

貝がら…1 □いがら

竹やぶ…た2 □やぶ

九 年…3 □ゆうねん

早おき…は4 □おき

入 学…にゅ5 □が6 □

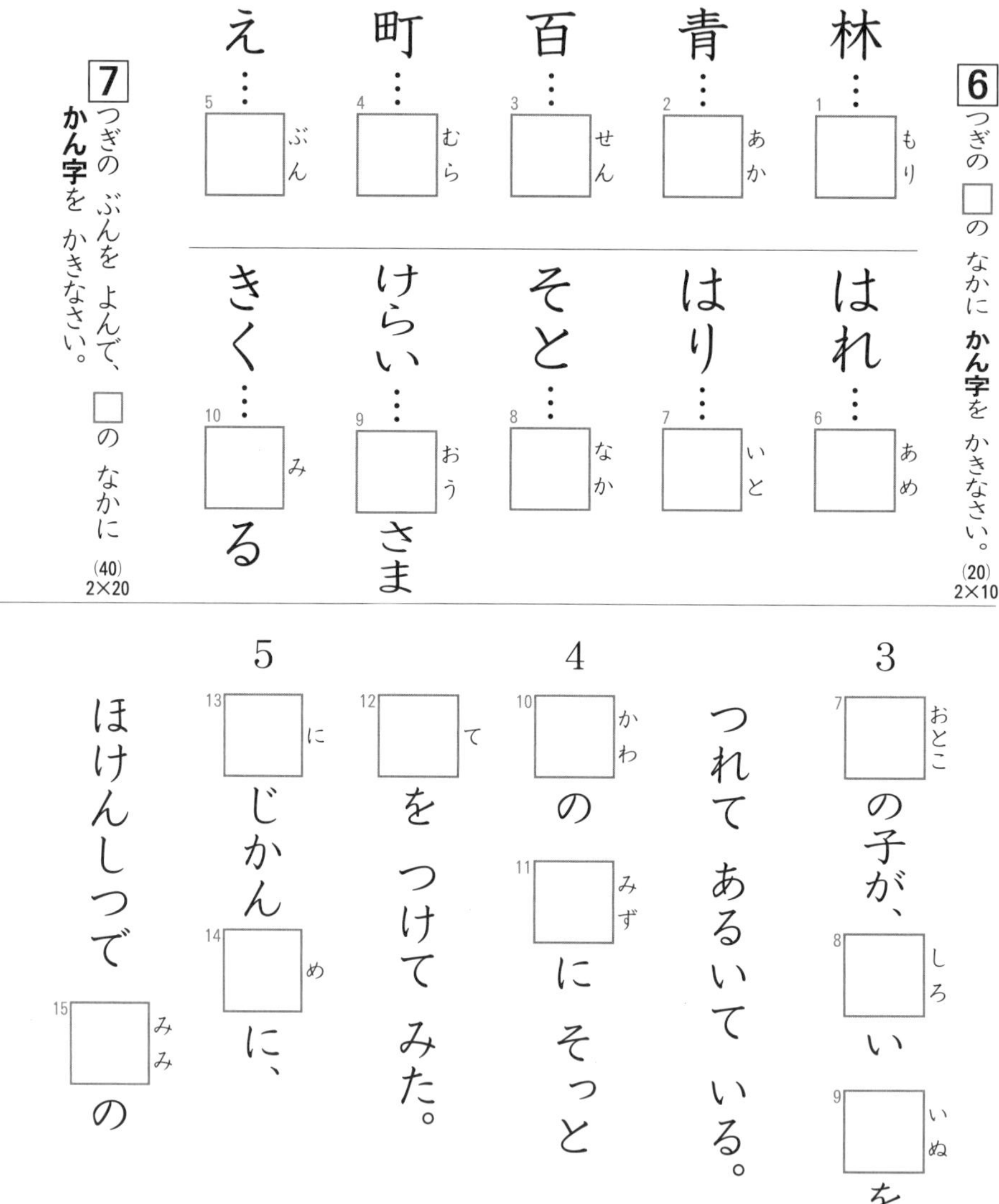

6 つぎの □の なかに **かん字**を かきなさい。 (20) 2×10

- 林…1□（もり）
- 青…2□（あか）
- 百…3□（せん）
- 町…4□（むら）
- え…5□（ぶん）
- はれ…6□（あめ）
- はり…7□（いと）
- そと…8□（なか）
- けらい…9□（おう）さま
- きく…10□（み）る

7 つぎの ぶんを よんで、□の なかに **かん字**を かきなさい。 (40) 2×20

3 7□（おとこ）の子が、8□（しろ）い 9□（いぬ）を つれて あるいて いる。

4 10□（かわ）の 11□（みず）に そっと 12□（て）を つけて みた。

5 13□（に）じかん 14□（め）に、 ほけんしつで 15□（みみ）の

10級

4

1

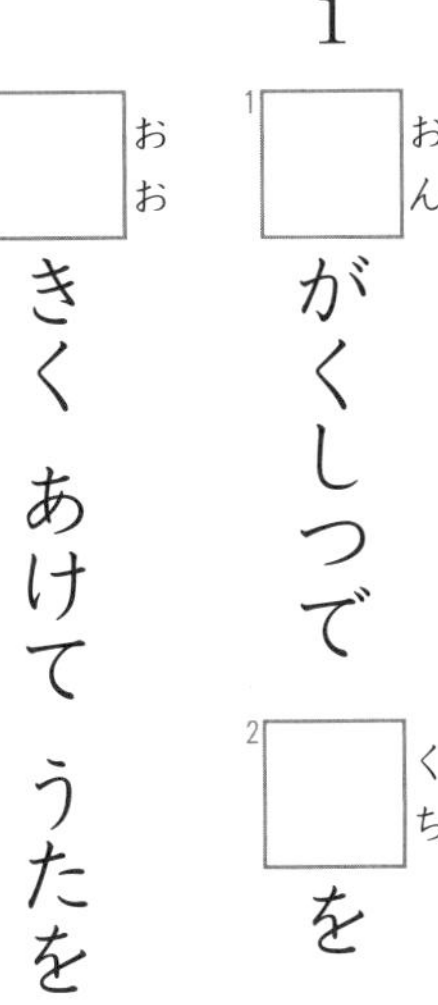

□[1]（おん）がくしつで　□[2]（くち）を　□[3]（おお）きく　あけて　うたを

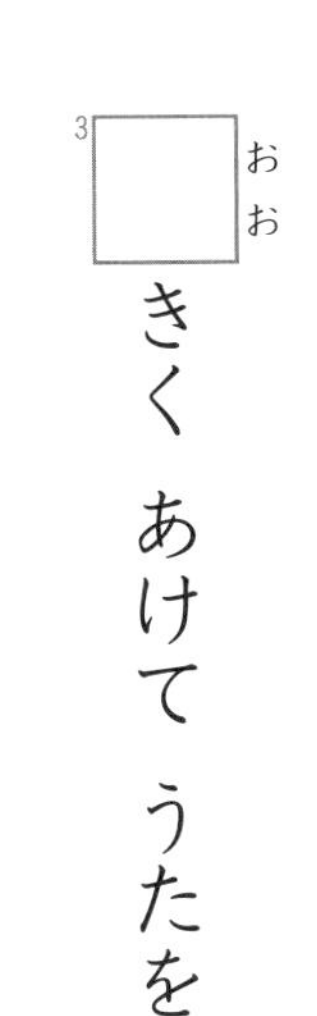

うたった。

2

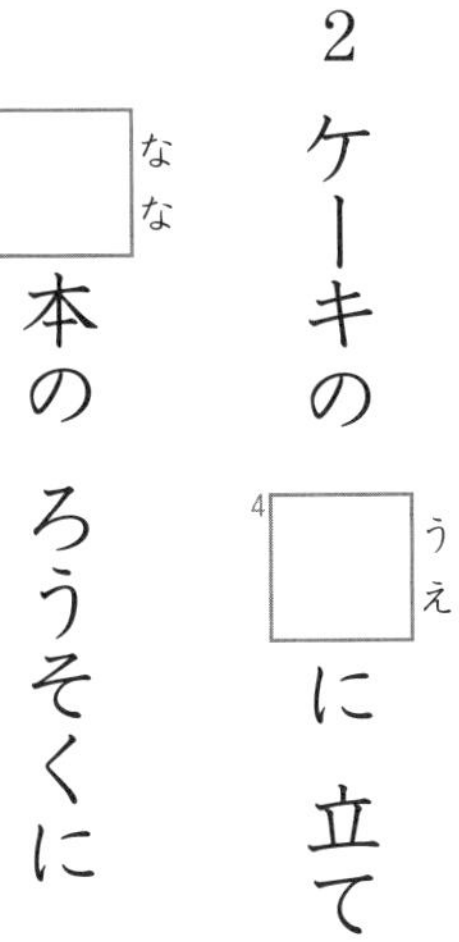

ケーキの　□[4]（うえ）に　立てた　□[5]（なな）本の　ろうそくに　□[6]（ひ）を　つける。

けんさを　うけた。

6

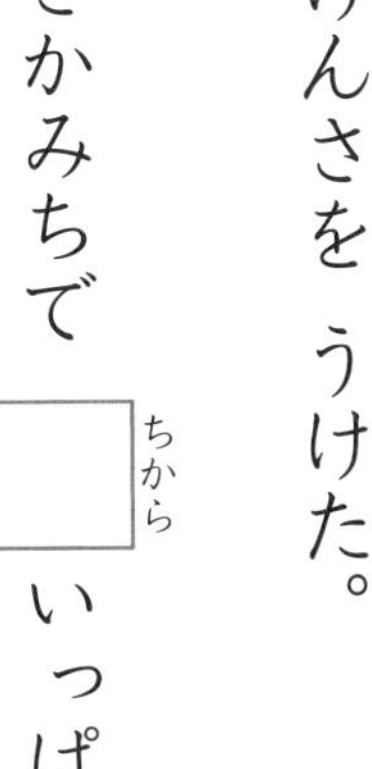

さかみちで　□[16]（ちから）いっぱい

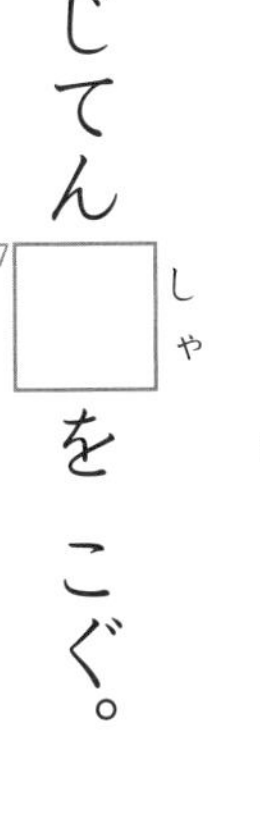

じてん□[17]（しゃ）を　こぐ。

7

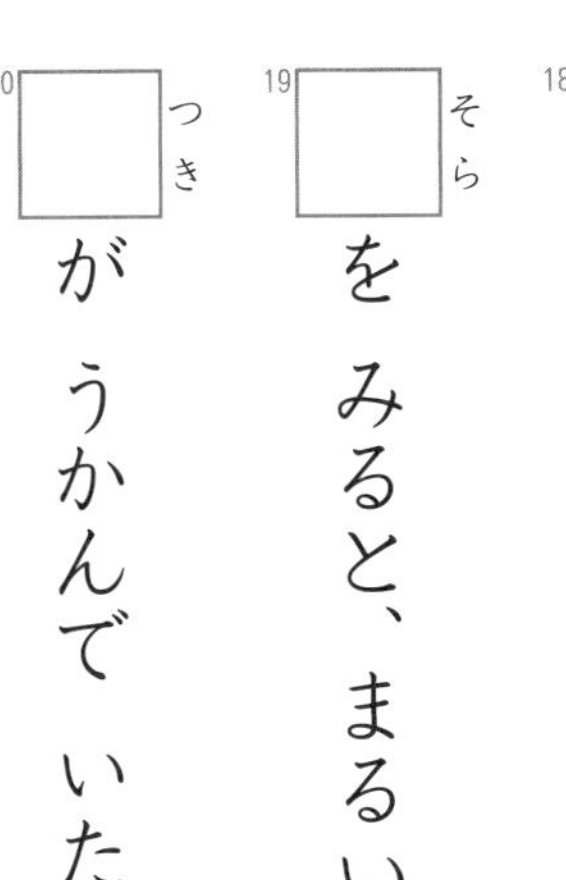

□[18]（ゆう）がた、ひがしの　□[19]（そら）を　みると、まるい　□[20]（つき）が　うかんで　いた。

▼解答（かいとう）（こたえ）は別冊（べっさつ）14～17ページ

1 つぎの ぶんを よんで、——せんの **かん字**の **よみがな**を ——せんの **みぎ**に かきなさい。

(40) 2×20

1 [1]赤い くつを はいた [2]女の子が [3]音がくに あわせて げん[4]気に おどって いる。

2 [5]村の じんじゃに、[6]石で

5 [15]雨が やんで、くもの あいだから お[16]日さまが かおを [17]出した。

6 [18]田んぼの [19]中に かえるが [20]二ひき いた。

できた 大[7]きな とりいが
立[8]って いる。

3 四[9]じかんめの たいいくは
プールで ばた足[10]を した。

4 林[11]で みかけた 木[12]の
名[13]まえを 本[14]で しらべた。

5

2 つぎの **かん字**の **ふとい** ところは **なんばんめ**に かきますか。○の なかに **すう字**を かきなさい。

（12）1×12

字 …… 1 ○
川 …… 2 ○
貝 …… 3 ○
音 …… 4 ○
先 …… 5 ○
糸 …… 6 ○

山 …… 7 ○
竹 …… 8 ○
森 …… 9 ○
右 …… 10 ○
金 …… 11 ○
文 …… 12 ○

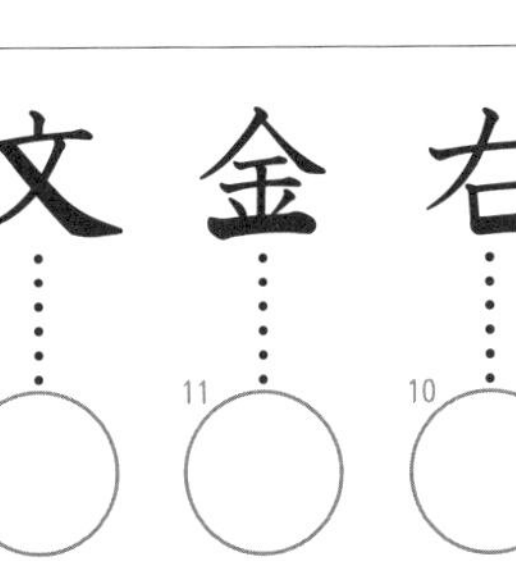

3 つぎの ぶんを よんで、――せんの かん字の よみがなを ――せんの みぎに かきなさい。 (16) 2×8

おりがみで 金[1]メダルを つくる。
{お金[2]を さいふから 出す。

えきの そばで 火[3]じが あった。
{こんや、花火[4]を する。

4 つぎの ことばの よみがなで ただしい ほうの ばんごうに ○を つけなさい。 (10) 2×5

1 女子
1 ぢょし
2 じょし

2 王さま
1 おおさま
2 おうさま

3 六つ
1 むっつ
2 むつつ

4 先生
1 せんせえ
2 せんせい

5 九ひき
1 きゅうひき
2 きゆうひき

[5]月よう日は はいしゃに いく。

[6]月が くもに かくれた。

[7]五じに いえに ついた。

いちごを [8]五つ たべた。

---

5 □に **ひらがな**を **一字** かいて、つぎの **ことば**の **よみ**を こたえなさい。 (12) 2×6

（れい ふじ山……ふじ[さ]ん）

らい年…らい[1 □]ん

七人…し[2 □][3 □]ん

右うで…[4 □]ぎうで

お正月…お[5 □]ょうがつ

八さい…[6 □]っさい

5

6 つぎの □の なかに **かん字**を かきなさい。 (20) 2×10

村…1□（まち）

口…2□（みみ）

右…3□（ひだり）

花…4□（くさ）

火…5□（みず）

ねこ…6□（いぬ）

千円…7□（ひゃく）円

あさ日…8□（ゆう）日

おそい…9□（はや）い

あがる…10□（さ）がる

7 つぎの ぶんを よんで、□の なかに **かん字**を かきなさい。 (40) 2×20

3 花だんの 7□（つち）の 8□（うえ）に 9□（ちい）さな だんご 10□（むし）が いた。

4 五 11□（じゅう）メートルそうで ゴールを 12□（め）ざして 13□（ちから） いっぱい はしった。

5

1 ひる［1 □（やす）］みに そとで あそんだ あと、［2 □（て）］を あらって きょうしつに ［3 □（はい）］った。

2 ［4 □（がっ）］［5 □（こう）］からの かえりに くろい ねこを ［6 □（み）］た。

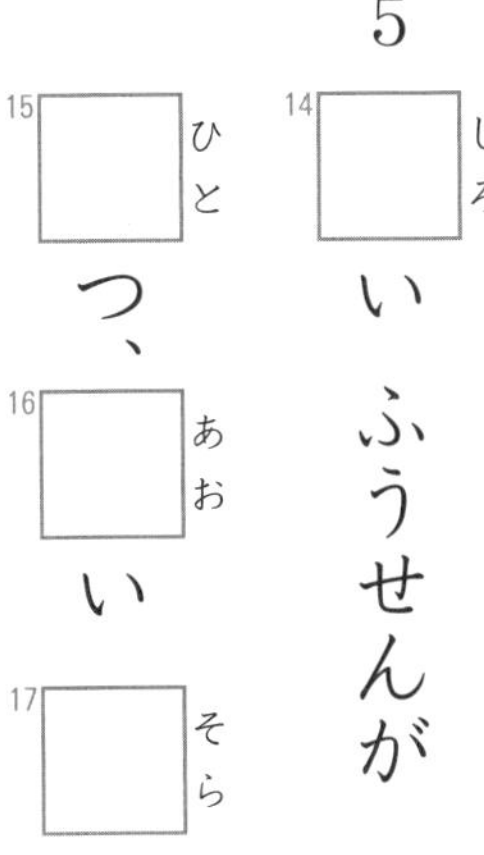

5 ［14 □（しろ）］い ふうせんが ［15 □（ひと）］つ、［16 □（あお）］い ［17 □（そら）］に とんで いった。

6 ひろばで ［18 □（おとこ）］の子が ［19 □（さん）］りん［20 □（しゃ）］に のって あそんで いる。

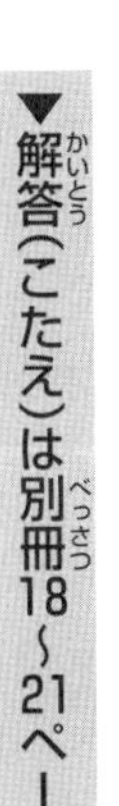

▼解答（こたえ）は別冊18〜21ページ

しけんもんだい 6（10級）

1 つぎの ぶんを よんで、――せんの **かん字**の **よみがな**を ――せんの **みぎ**に かきなさい。 (40) 2×20

1 二[1]じかん目[2]の こくごで、先生[3]が こくばんに かいた 文[4]を みんなで こえに 出[5]して よんだ。

2 男[6]の 人が 田[7]んぼの

5 林[15]に いって 虫[16]を 五[17]ひき つかまえた。

6 空[18]に くろい くもが ひろがって、大[19]つぶの 雨[20]が ふって きた。

土[8]を たがやして いる。

3 えん足[9]で ちかくの 山[10]に のぼった。

4 赤[11]い おはじきの 中[12]に 青[13]い おはじきが 一[14]つ まじって いる。

---

2 つぎの **かん字**の **ふとい** ところは **なんばんめ**に かきますか。○の なかに **すう字**を かきなさい。

(12) 1×12

1 糸 ○
2 五 ○
3 足 ○
4 先 ○
5 青 ○
6 赤 ○

7 天 ○
8 虫 ○
9 空 ○
10 出 ○
11 町 ○
12 雨 ○

3 つぎの ぶんを よんで、──せんの **かん字**の **よみがな**を ──せんの **みぎ**に かきなさい。 (16) 2×8

1 木よう日は ダンスを ならう。

2 木の えだに とりが とまる。

リレーの せん3 手に なりたい。

おとうと 4 手を つないだ。

4 つぎの **ことば**の **よみがなで** ただしい ほうの **ばんごう**に ◯を つけなさい。 (10) 2×5

1 一ぴき
1 いつぴき
2 いっぴき

2 正月
1 しょおがつ
2 しょうがつ

3 九さつ
1 きゅうさつ
2 きゆうさつ

4 名人
1 めいじん
2 めえじん

5 百年
1 ひやくねん
2 ひゃくねん

うまが　草[5]げんを　はしる。

草[6]むらで　こおろぎを　みつけた。

音[7]がくしつで　オルガンを　ひく。

たいこを　たたく　音[8]が　した。

6

---

5 □に　**ひらがな**を　**一字**　かいて、つぎの　**ことば**の　**よみ**を　こたえなさい。(12) 2×6

（れい　ふじ山……ふじ[さ]ん）

け　糸……け　1□と

石けん……2□っけん

天　気……て　3□き

町かど……ま　4□かど

千　円……5□ん　6□ん

6 つぎの □の なかに **かん字**を かきなさい。（20）2×10

町…□1（むら）

山…□2（かわ）

目…□3（くち）

上…□4（した）

木…□5（はな）

まつ…□6（たけ）

さかな…□7（かい）

まる…□8（し）かく

おそい…□9（はや）い

大きい…□10（ちい）さい

7 つぎの ぶんを よんで、□の なかに **かん字**を かきなさい。（40）2×20

3 かって きた □8（きん）ぎょを
□9（さん）びき、□10（すい）そうに
□11（い）れる。

4 □12（ゆう）がた、こうえんで
□13（しろ）い □14（いぬ）を つれた
男の 人と すれちがった。

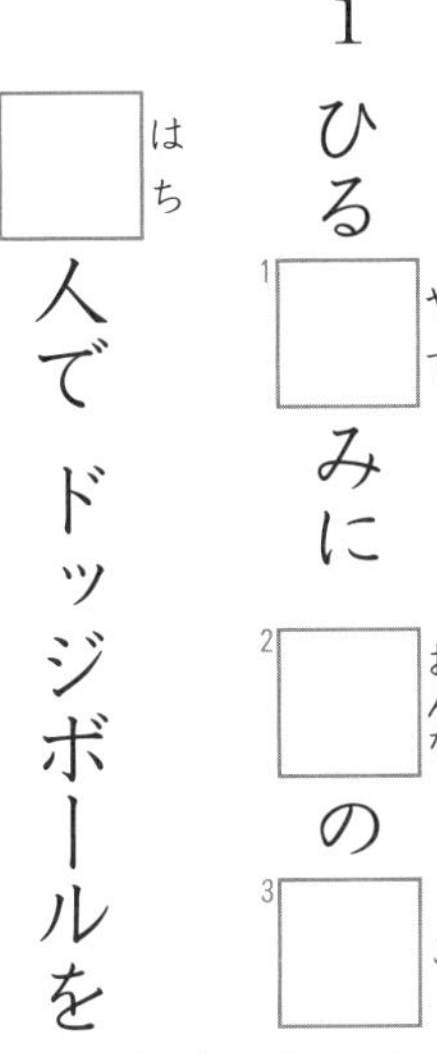

1　ひる□(1 やす)みに □(2 おんな)の □(3 こ)　□(4 はち)人で ドッジボールを した。

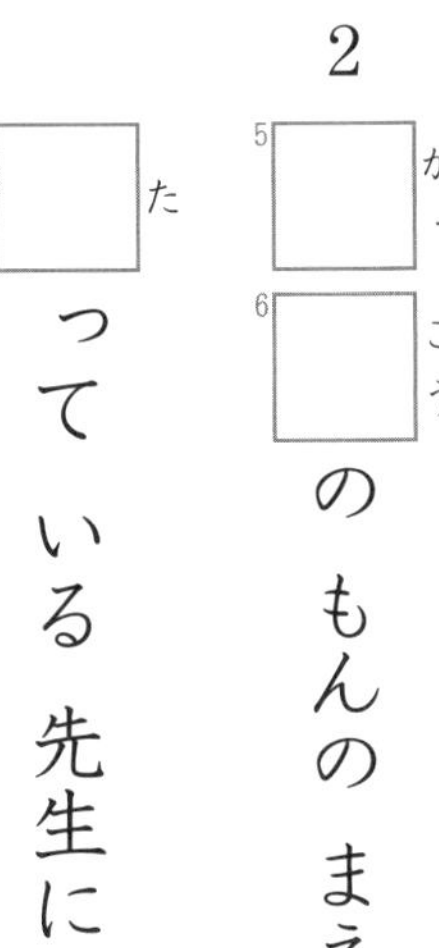

2　□(5 がっ)□(6 こう)の もんの まえに　□(7 た)って いる 先生に あいさつを した。

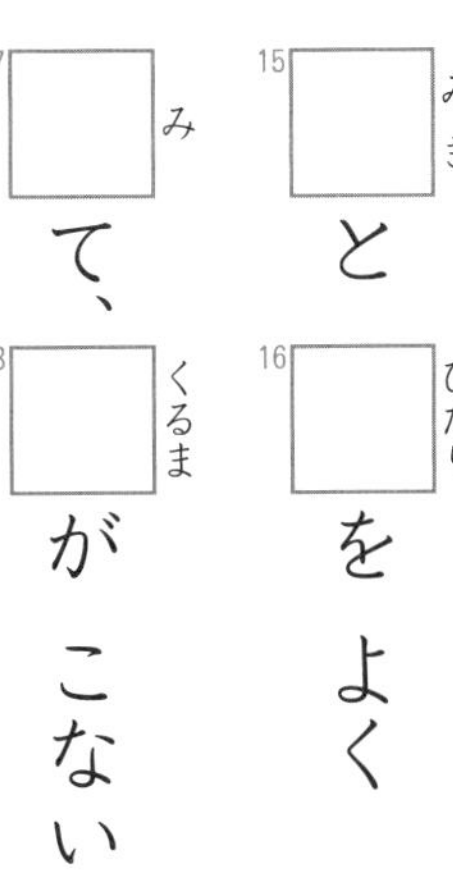

5　みちを わたる ときは、□(15 みぎ)と □(16 ひだり)を よく　□(17 み)て、□(18 くるま)が こないか たしかめよう。

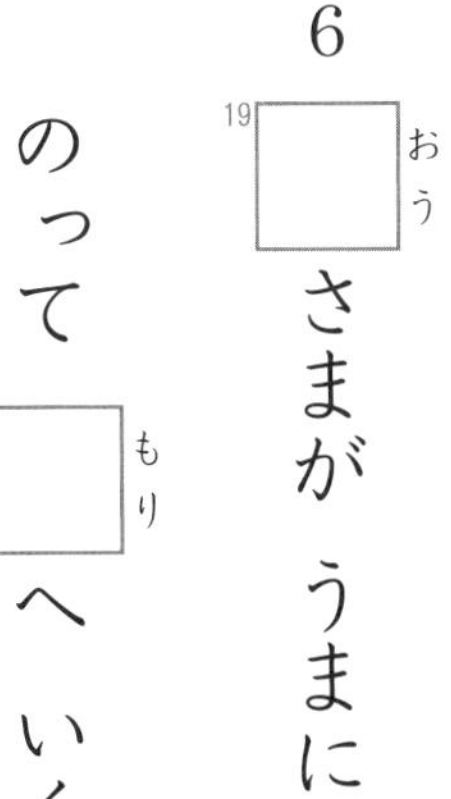

6　□(19 おう)さまが うまに のって □(20 もり)へ いく。

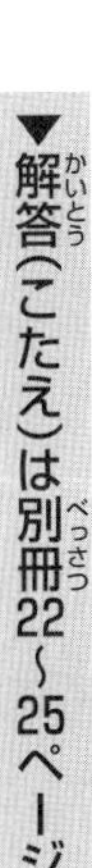

▼解答(こたえ)は別冊22〜25ページ

しけんもんだい 7 (10級)

1 つぎの ぶんを よんで、――せんの **かん字**の **よみがな**を ――せんの **みぎ**に かきなさい。 (40) 2×20

1 山[1]で ひろった どんぐりに

白[2]い ペンで 目[3]と

口[4]を かいた。

2 おべんとうばこの 中[5]に

三[6]かくの おにぎり 二[7]こと

4 夕[15]がた、天気[16]が わるく

なり、雨[17]が ふって きた。

5 校[18]ていで なわとびを した。

かた足[19]とびが 五[20]かい

できた。

大[8]すきな からあげが
入[9]って いる。

3 休[10]みの 日[11]に、スケートに
いった。手[12]すりを つかんで
やっと、こおりの 上[13]に
立[14]つ ことが できた。

2 つぎの **かん字**の **ふとい** ところは **なんばんめ**に かきますか。○の なかに **すう字**を かきなさい。

(12) 1×12

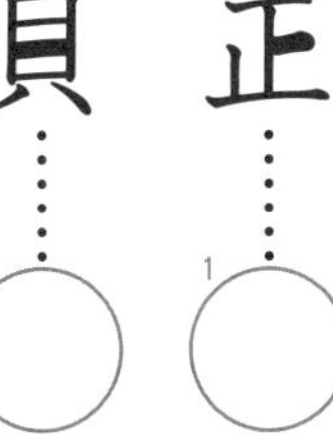
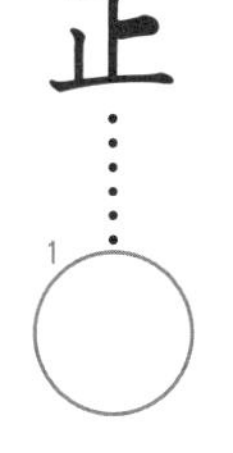
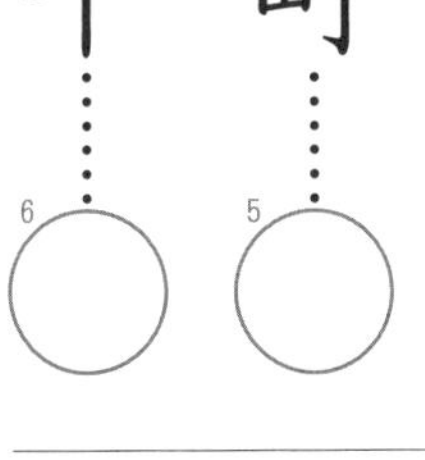

1 正 ○
2 貝 ○
3 小 ○
4 花 ○
5 町 ○
6 千 ○

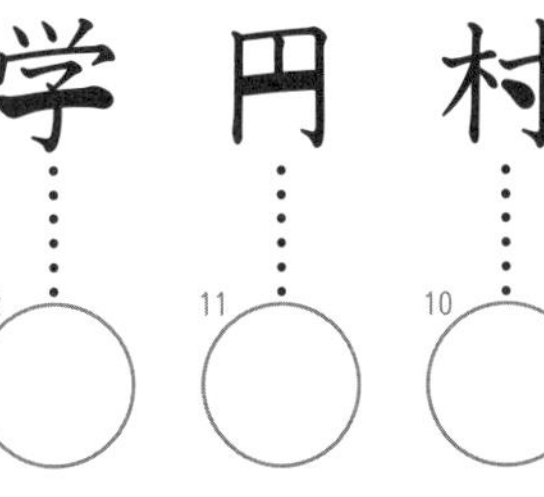

7 七 ○
8 火 ○
9 百 ○
10 村 ○
11 円 ○
12 学 ○

3 つぎの ぶんを よんで、――せんの **かん字**の **よみがな**を ――せんの **みぎ**に かきなさい。 (16) 2×8

ぼくは よる 1九じに ねる。

貝がらを 2九つ ひろった。

いとこと 3一年ぶりに あった。

お4年よりに けん玉を おそわる。

4 つぎの **ことば**の **よみがなで** ただしい ほうの **ばんごう**に ◯を つけなさい。 (10) 2×5

1 王さま
1 おうさま
2 おおさま

2 百円
1 ひやくえん
2 ひゃくえん

3 かん字
1 かんぢ
2 かんじ

4 名月
1 めいげつ
2 めえげつ

5 八本
1 はつぽん
2 はっぽん

おりがみで 5金メダルを つくる。
がいこくの お6金を もらった。

7土よう日に しあいが ある。
8土を ほると みみずが いた。

7

5 □に **ひらがな**を **一字** かいて、つぎの **ことば**の **よみ**を こたえなさい。 (12) 2×6

(れい ふじ山……ふじ[さ]ん)

花火…はな1□
二人…ふ2□り
石だん…3□しだん
力もち…ち4□らもち
入学…にゅ5□が6□

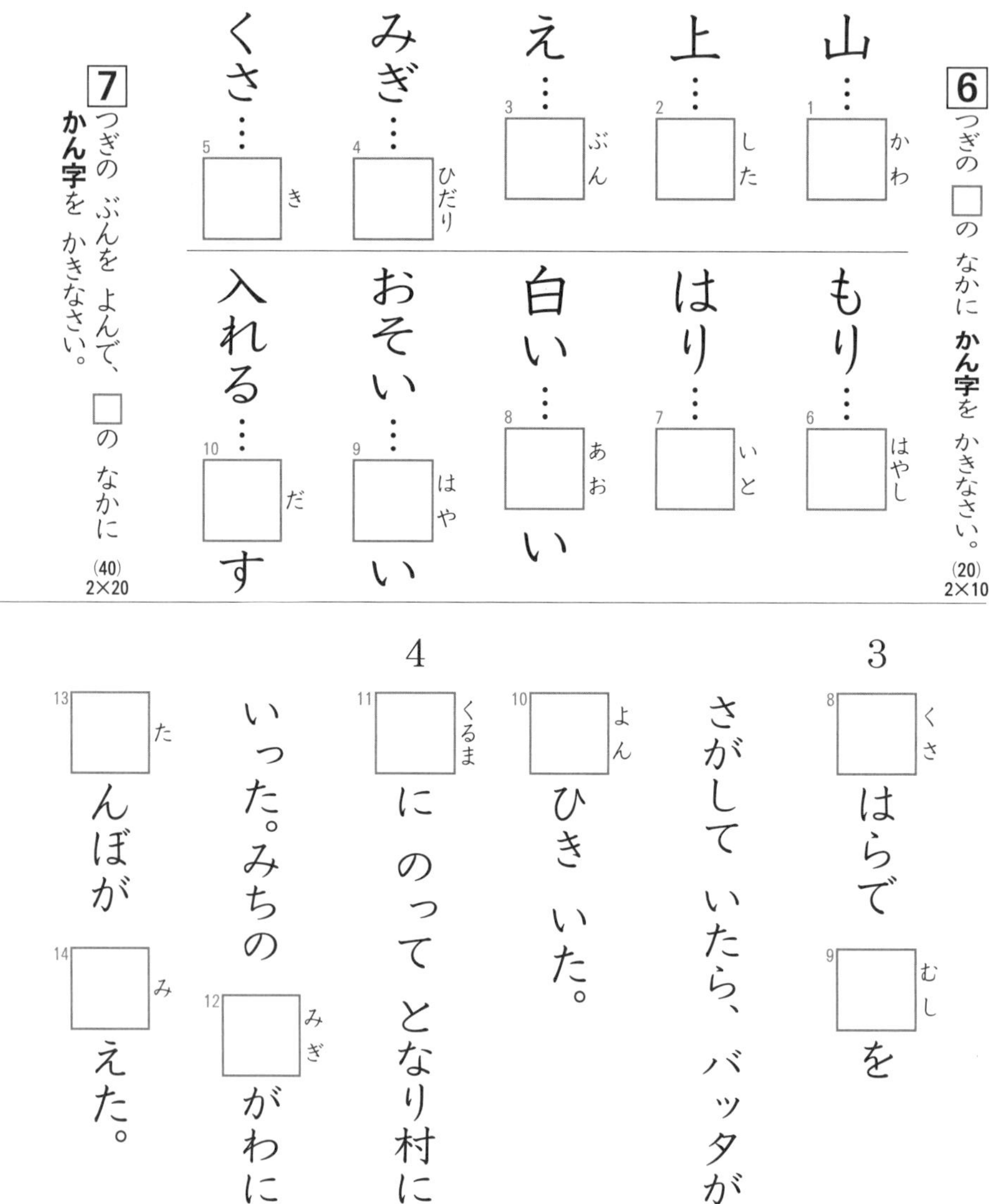

6 つぎの □の なかに **かん字**を かきなさい。（20）2×10

山…1□（かわ）
上…2□（した）
え…3□（ぶん）
みぎ…4□（ひだり）
くさ…5□（き）

もり…6□（はやし）
はり…7□（いと）
白い…8□（あお）い
おそい…9□（はや）い
入れる…10□（だ）す

7 つぎの ぶんを よんで、□の なかに **かん字**を かきなさい。（40）2×20

3 8□（くさ）はらで 9□（むし）を さがして いたら、バッタが 10□（よん）ひき いた。

4 11□（くるま）に のって となり村に いった。みちの 12□（みぎ）がわに 13□（た）んぼが 14□（み）えた。

1

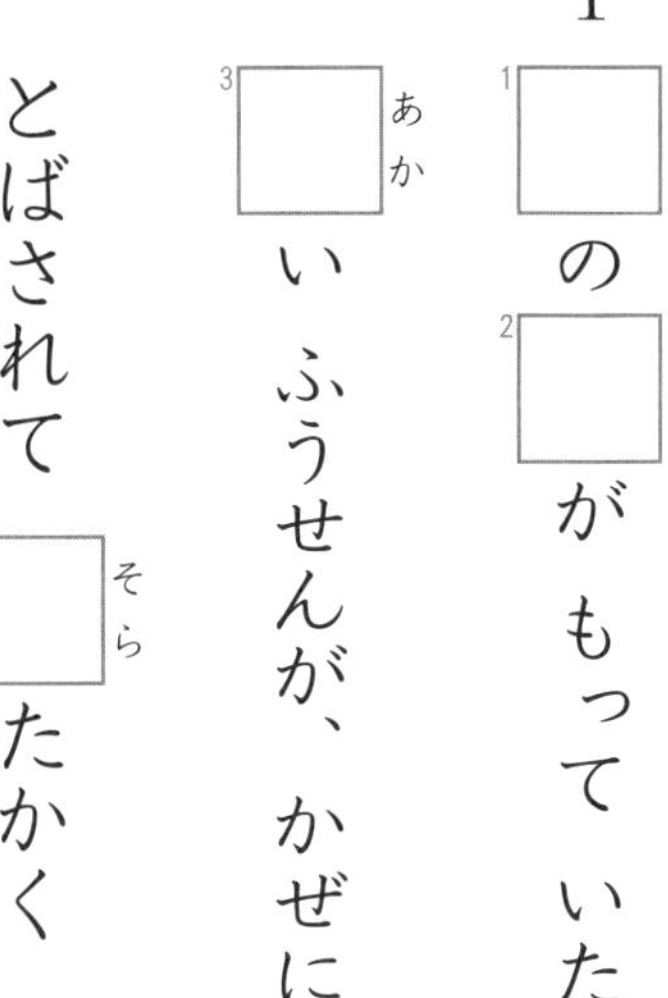

1□(おとこ)の 2□(こ)が もって いた 3□(あか)い ふうせんが、かぜに とばされて 4□(そら)たかく とんで いった。

2

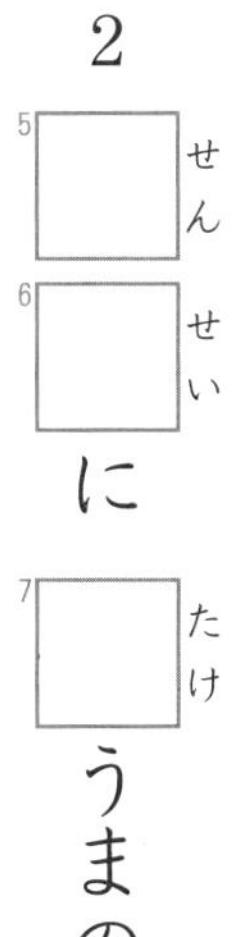

5□(せん)6□(せい)に 7□(たけ)うまの のりかたを おそわる。

5

15□(おんな)の 人が 16□(いぬ)を つれて さんぽして いる。

6

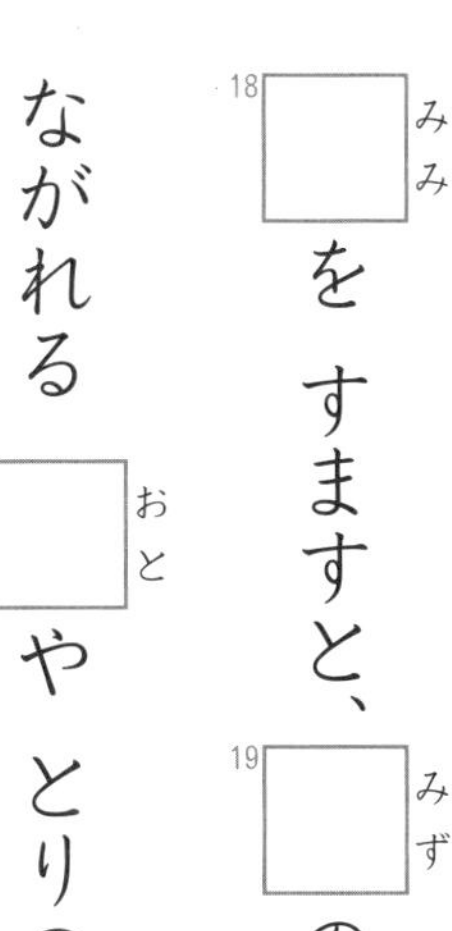

17□(もり)の 中で 目を とじて 18□(みみ)を すますと、19□(みず)の ながれる 20□(おと)や とりの なく こえが きこえる。

▼解答(かいとう)(こたえ)は別冊(べっさつ)26〜29ページ

1 つぎの ぶんを よんで、――せんの **かん字**の **よみがな**を ――せんの **みぎ**に かきなさい。 (40) 2×20

1 休[1]みの 日[2]に かぞくで 山[3]のぼりを した。

2 ちょ金[4]ばこから 千円[5] 出[6]して 本を かった。

3 学校[7]の かえりに、

---

5 こうえんで 男[17]の子が 竹[18]とんぼを とばして いる。

6 赤[19]や きいろの はっぱが かぜに ふかれて 木[20]の えだで ゆれて いる。

小[8]さな 花[9]が さいて
いるのを 見[10]つけた。

4 三[11]じかん目[12]の たいいくで
玉[13]いれの れんしゅうを
した。力[14]いっぱい なげて
いたら 四[15]こも 入[16]った。

8

2 つぎの **かん字**の **ふとい** ところは **なんばんめ**に かきますか。○の なかに **すう字**を かきなさい。

(12)
1×12

右 1 ○
小 2 ○
文 3 ○
花 4 ○
学 5 ○
四 6 ○

立 7 ○
火 8 ○
町 9 ○
百 10 ○
夕 11 ○
校 12 ○

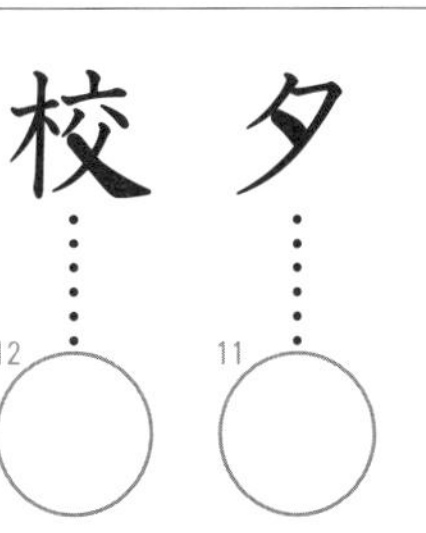

3 つぎの ぶんを よんで、——せんの **かん字**の **よみがな**を ——せんの **みぎ**に かきなさい。 (16) 2×8

1 六人で かくれんぼを した。

バスに おおくの 2 人が のる。

3 火よう日に はいしゃに いく。

ガスこんろの 4 火を つける。

4 つぎの **ことば**の **よみがな**で ただしい ほうの **ばんごう**に ◯を つけなさい。 (10) 2×5

1 王さま
1 おおさま
2 おうさま

2 一本
1 いつぽん
2 いっぽん

3 すう字
1 すうじ
2 すうぢ

4 名月
1 めえげつ
2 めいげつ

5 休けい
1 きゅうけい
2 きゆうけい

お正月に たこあげを する。[5]

正しい ことばづかいで はなす。[6]

いけに こいが 五ひき いる。[7]

かきを 五つ かごに もる。[8]

5 □に **ひらがな**を **一字** かいて、つぎの **ことば**の **よみ**を こたえなさい。（12）2×6

（れい ふじ山……ふじ[さ]ん）

夕やけ…ゆ[1]やけ

九つ…こ こ[2]つ

雨がさ…[3]まがさ

男女…だん[4]よ

百年…[5]ゃくね[6]

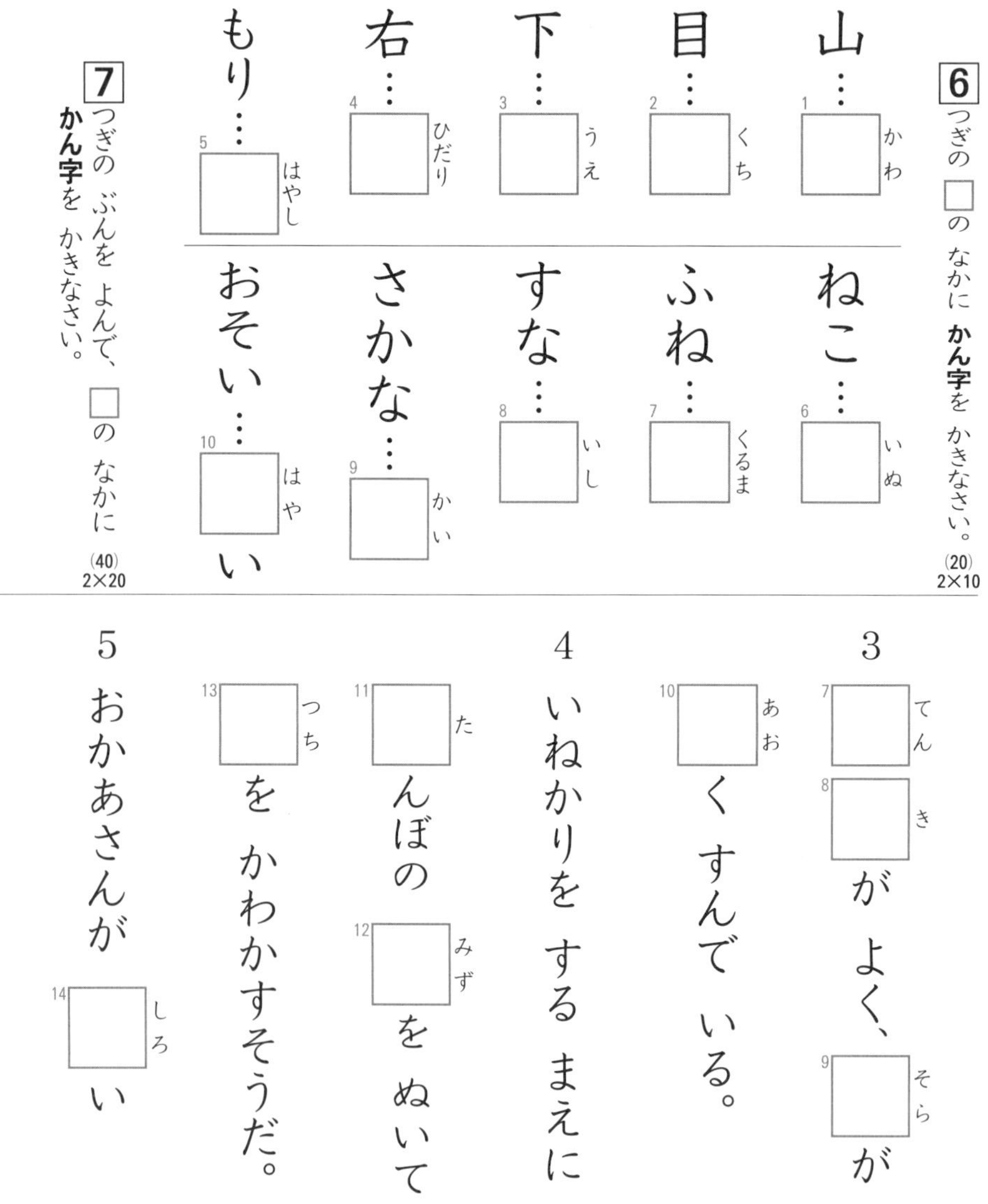

6 つぎの □の なかに **かん字**を かきなさい。 (20) 2×10

山…1 □（かわ）

目…2 □（くち）

下…3 □（うえ）

右…4 □（ひだり）

もり…5 □（はやし）

ねこ…6 □（いぬ）

ふね…7 □（くるま）

すな…8 □（いし）

さかな…9 □（かい）

おそい…10 □（はや）い

7 つぎの ぶんを よんで、□の なかに **かん字**を かきなさい。 (40) 2×20

3 7□（てん）8□（き）が よく、9□（そら）が 10□（あお）く すんで いる。

4 いねかりを する まえに 11□（た）んぼの 12□（みず）を ぬいて 13□（つち）を かわかすそうだ。

5 おかあさんが 14□（しろ）い

1

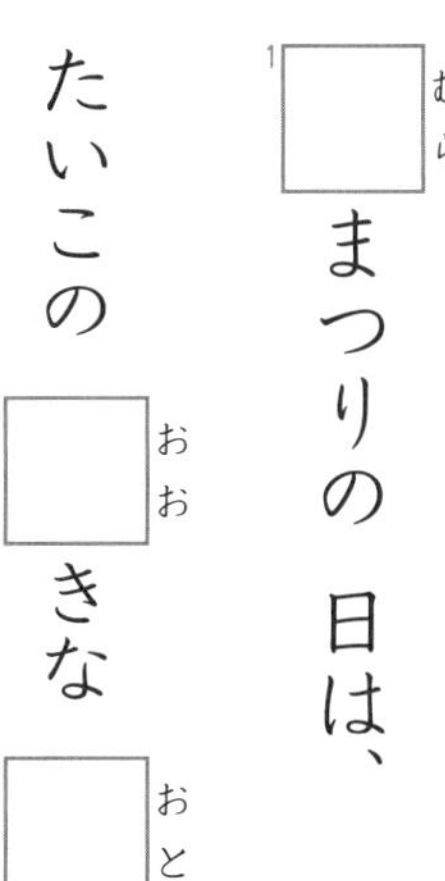

1□（むら）まつりの 日は、
たいこの 2□（おお）きな 3□（おと）が
あさから きこえる。

2

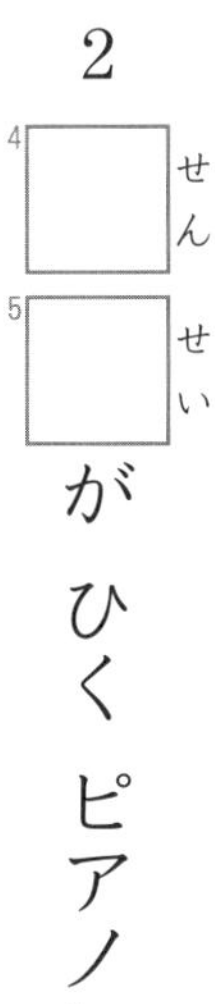

4□（せん）5□（せい）が ひく ピアノに
あわせて、げんきよく
6□（あし）ぶみを する。

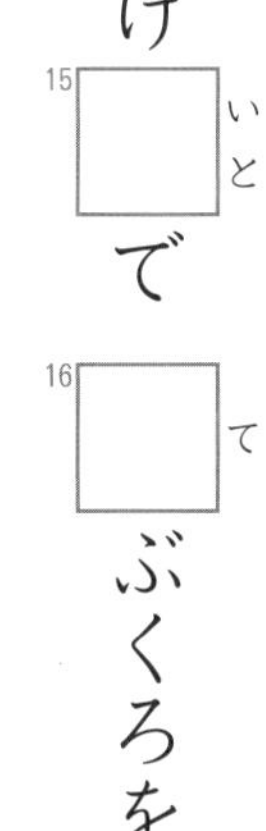

け15□（いと）で16□（て）ぶくろを
あんで くれた。

6

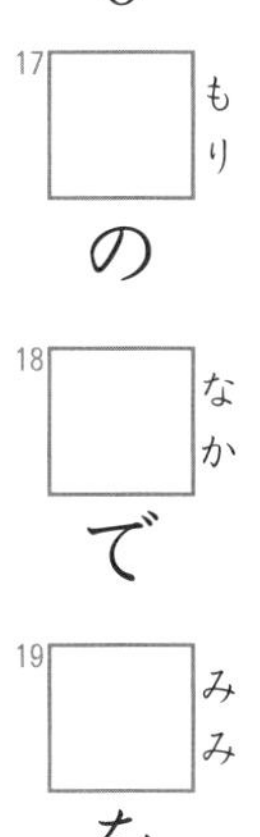

17□（もり）の18□（なか）で19□（みみ）を
すますと、草むらから

20□（むし）の なきごえが
きこえて きた。

▼解答（こたえ）は別冊30～33ページ

しけんもんだい 9 （10級）

1 つぎの ぶんを よんで、──せんの **かん字**の **よみがな**を ──せんの **みぎ**に かきなさい。 (40) 2×20

1 雨[1]が やんで、空[2]に
七[3]いろの にじが 出[4]た。

2 マラソンの せん手[5]が
ゴールを 目[6]ざして
力[7]いっぱい はしる。

6 うみで ひろった 貝[15]の
名[16]まえを としょかんの
本[17]で しらべた。

7 火[18]よう日[19]は おにいさんと
水[20]えいきょうしつに いく。

3 休みじかんに 先生の おてつだいを した。

8 休 / 9 先生

4 きのう、ねこの 赤ちゃんが 五ひき 生まれた。

10 赤 / 11 五

5 王さまが けらいを 四人 つれて 森へ かりに いく。

12 王 / 13 四人 / 14 森

2 つぎの **かん字**の **ふとい** ところは **なんばんめ**に かきますか。○の なかに **すう字**を かきなさい。

(12) 1×12

1 立 ○　2 早 ○　3 正 ○　4 五 ○　5 水 ○　6 金 ○

7 中 ○　8 生 ○　9 赤 ○　10 力 ○　11 足 ○　12 青 ○

3 つぎの ぶんを よんで、――せんの **かん字**の **よみがな**を ――せんの **みぎ**に かきなさい。 (16) 2×8

1 じてん車で こうえんへ いく。

2 おもちゃの 車で あそぶ。

3 わたしは やきいもが 大すきだ。

4 うみで 大きな さかなを つった。

4 つぎの **ことば**の **よみがな**で ただしい ほうの **ばんごう**に ◯を つけなさい。 (10) 2×5

1 十年
1 じゅうねん
2 ぢゅうねん

2 六ぴき
1 ろつぴき
2 ろっぴき

3 名人
1 めえじん
2 めいじん

4 左右
1 さゆう
2 さいう

5 草げん
1 そおげん
2 そうげん

いもうとは 5二月うまれだ。
6月が あかるくて きれいだ。

しずかな 7音がくが きこえる。
かみなりの 8音に おどろいた。

5 □に **ひらがな**を **一字** かいて、つぎの **ことば**の **よみ**を こたえなさい。 (12) 2×6

（れい ふじ山……ふじ[さ]ん）

石だん…い1□だん
金いろ…2□んいろ
七千…なな3□ん
四かく…4□かく
空中…く5□6□ゆう

6 つぎの □の なかに **かん字**を かきなさい。 (20) 2×10

草… 1□（はな）

男… 2□（おんな）

目… 3□（くち）

森… 4□（はやし）

千… 5□（ひゃく）

ねこ… 6□（いぬ）

まつ… 7□（たけ）

はり… 8□（いと）

あさ日… 9□（ゆう）日

あがる… 10□（さ）がる

7 つぎの ぶんを よんで、□の なかに **かん字**を かきなさい。 (40) 2×20

3 赤ぐみと 8□（しろ）ぐみに わかれて 9□（たま）入れを した。

4 かん字を つかって 10□（ぶん）を 11□（みっ）つ つくる。

5 12□（てん）13□（き）が よいので ちかくの 14□（かわ）へ いって

10級

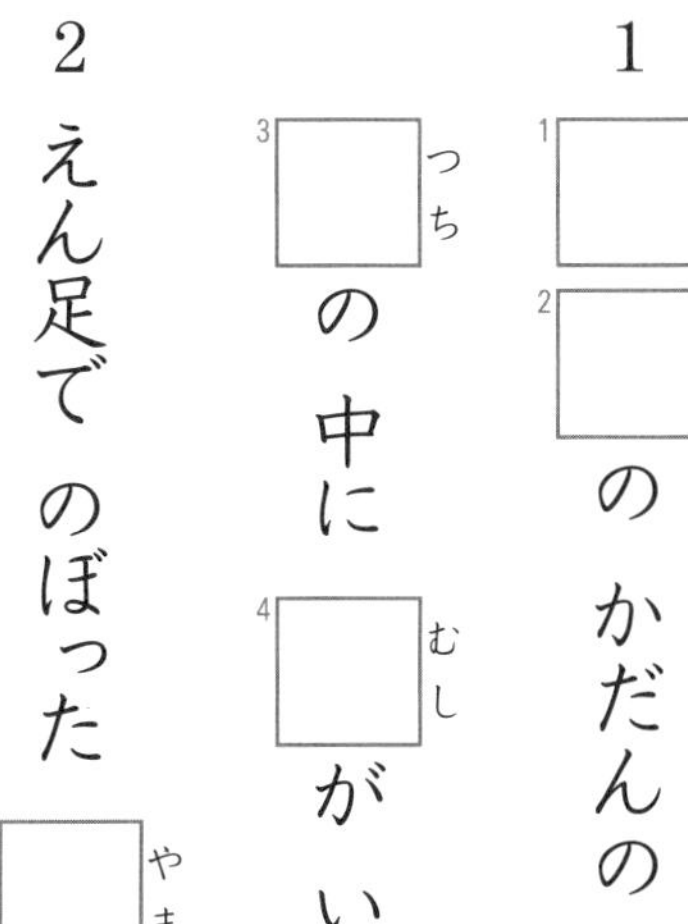

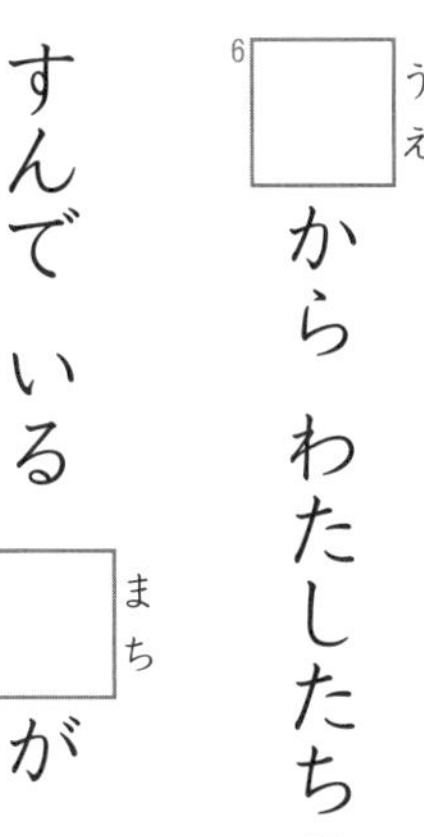

1　□(1 がっ)□(2 こう)の かだんの □(3 つち)の 中に □(4 むし)が いた。

2　えん足で のぼった □(5 やま)の □(6 うえ)から わたしたちの すんで いる □(7 まち)が 見えた。

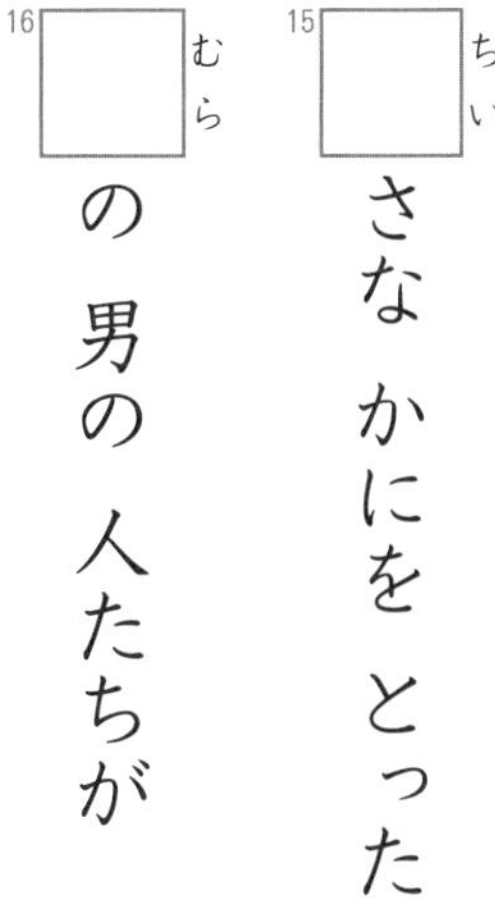

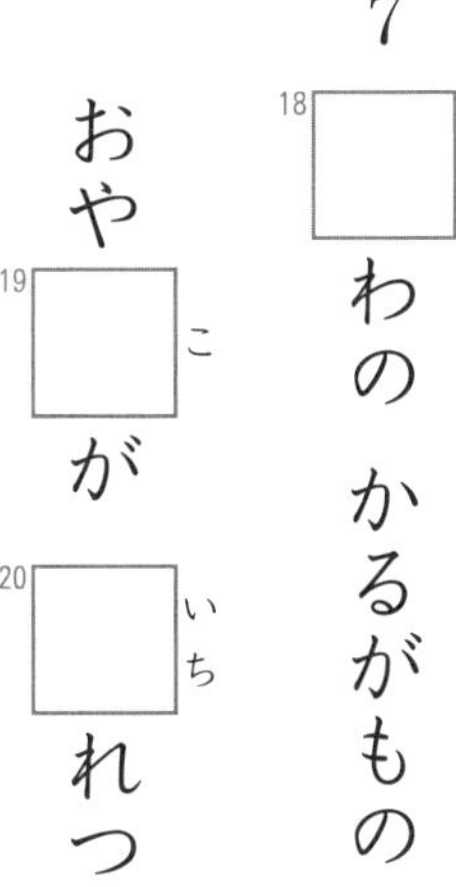

□(15 ちい)さな かにを とった。

6　□(16 むら)の 男の 人たちが □(17 た)うえを して いる。

7　□(18 はち)わの かるがもの おや□(19 こ)が □(20 いち)れつに ならんで あるいて いる。

▼解答(こたえ)は別冊34~37ページ

しけんもんだい 10（10級）

1 つぎの ぶんを よんで、――せんの **かん字**の **よみがな**を ――せんの **みぎ**に かきなさい。 (40) 2×20

1 村[1]の まつりで、男[2]の 人[3]たちが 力[4]を あわせて みこしを かついだ。

2 竹[5]やぶの 上[6]に きれいな 月[7]が うかんで いる。

6 先生[16]が ぼくの 名[17]まえを よんだので、へんじを して 立[18]ち上がった。

7 うまの おや子[19]が ひろい 草[20]げんを はしって いる。

3 犬[8]が まえ足[9]で にわの 土[10]を ほって いる。

4 はりの 小[11]さな あなに 糸[12]を とおす。

5 雨[13]が やんだ あと 空[14]に 七[15]いろの にじが 出た。

---

2 つぎの **かん字**の **ふとい** ところは **なんばんめ**に かきますか。◯の なかに **すう字**を かきなさい。

(12) 1×12

字	貝	小	左	立	林
1 ◯	2 ◯	3 ◯	4 ◯	5 ◯	6 ◯

六	草	水	先	青	年
7 ◯	8 ◯	9 ◯	10 ◯	11 ◯	12 ◯

10

3 つぎの　ぶんを　よんで、――せんの　**かん字**の　**よみがな**を　――せんの　**みぎ**に　かきなさい。 (16) 2×8

1 でん車が　えきに　ついた。
2 車の　まどを　あける。

3 こん虫ずかんを　かって　もらう。
4 てんとう虫が　とんで　いった。

4 つぎの　**ことば**の　**よみがな**で　ただしい　ほうの　**ばんごう**に　◯を　つけなさい。 (10) 2×5

1 八さい
　1 はっさい
　2 はつさい

2 男女
　1 だんぢょ
　2 だんじょ

3 六名
　1 ろくめえ
　2 ろくめい

4 空中
　1 くうちゅう
　2 くうちゆう

5 上下
　1 じょおげ
　2 じょうげ

水[5]そうの めだかに えさを やる。
バケツに 水[6]を 入れて はこぶ。
らい年[7]も うみに いきたい。
お年[8]よりに あやとりを おそわる。

---

5 □に **ひらがな**を **一字** かいて、つぎの **ことば**の **よみ**を こたえなさい。 (12) 2×6

（れい ふじ山……ふじ［さ］ん）

左がわ…ひだ［1］がわ

玉入れ…た［2］いれ

三つ…［3］っつ

あく手…あく［4］ゅ

千本…［5］んぼ［6］

10

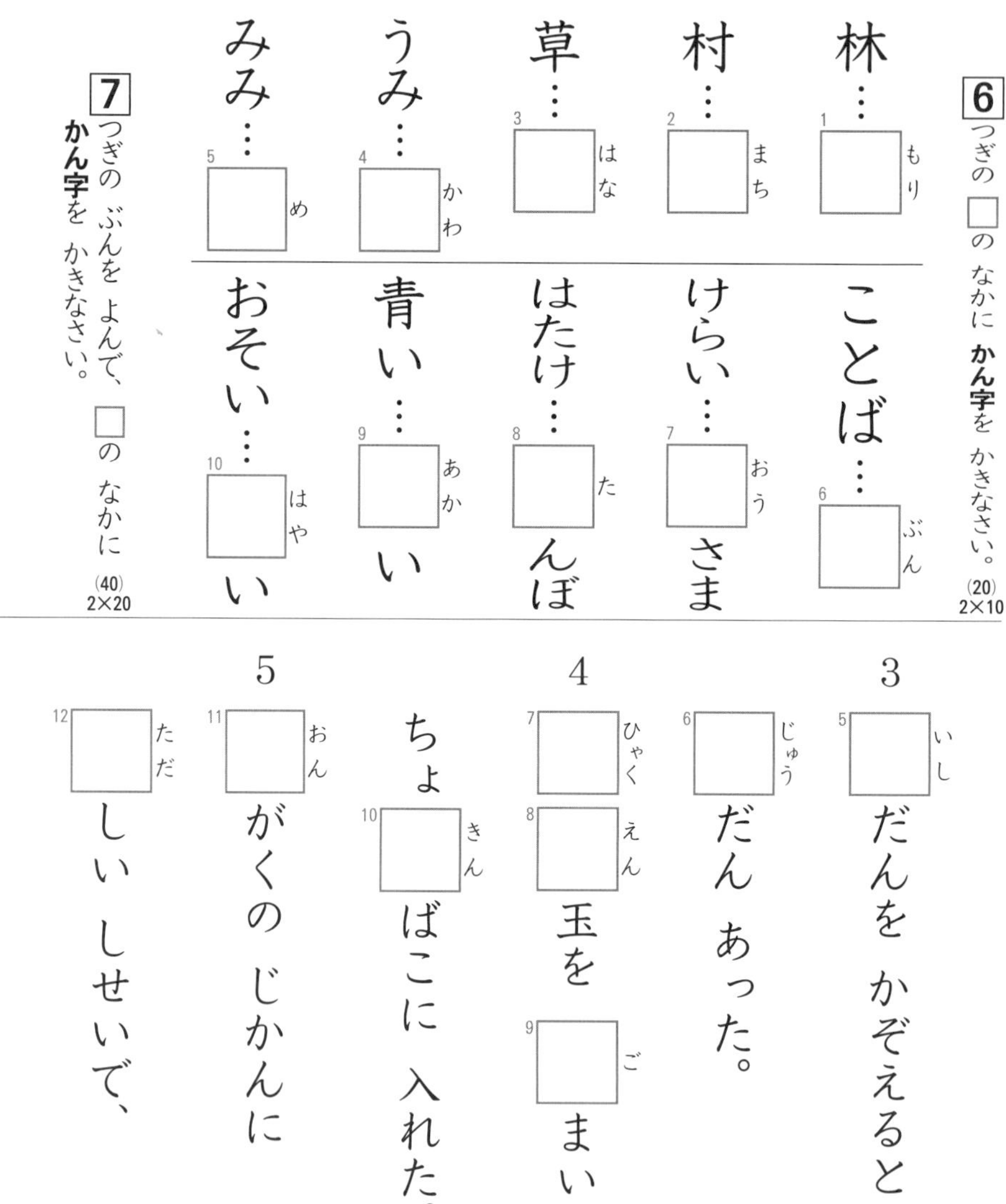

6 つぎの □の なかに **かん字**を かきなさい。 (20) 2×10

林… 1［もり］

村… 2［まち］

草… 3［はな］

うみ… 4［かわ］

みみ… 5［め］

ことば… 6［ぶん］

けらい… 7［おう］さま

はたけ… 8［た］んぼ

青い… 9［あか］い

おそい… 10［はや］い

7 つぎの ぶんを よんで、□の なかに **かん字**を かきなさい。 (40) 2×20

3 5［いし］だんを かぞえると 6［じゅう］だん あった。

4 7［ひゃく］8［えん］玉を 9［ご］まい ちょ10［きん］ばこに 入れた。

5 11［おん］がくの じかんに 12［ただ］しい しせいで、

1 [1]（やす）みの 日に いけで
おとうさんと つりを した。
ふなが [2]（よん）ひき つれた。

2 らいしゅうの [3]（か）よう日に
ほけんしつで [4]（みみ）の
けんさを うける。

---

[13]（くち）を [14]（おお）きく あけて
うたを うたう。

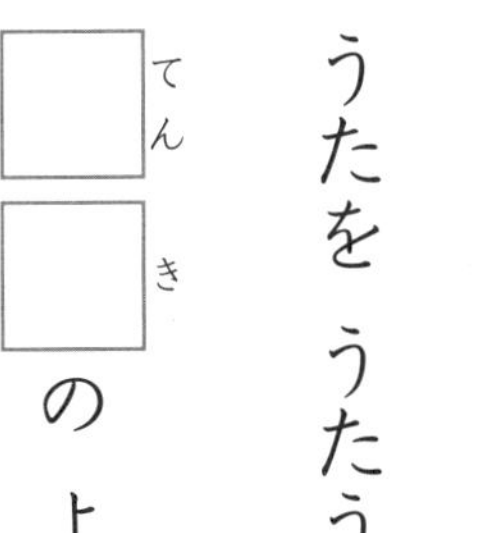

6 [15]（てん）[16]（き）の よい 日に
ちかくの [17]（やま）に のぼった。
わたしの [18]（がっ）[19]（こう）が
よく [20]（み）えた。

▼解答（こたえ）は別冊38～41ページ

1 つぎの ぶんを よんで、――せんの **かん字**の **よみがな**を ――せんの **みぎ**に かきなさい。 (40) 2×20

1 夕[1]がた、犬[2]を つれて 川[3]の そばを さんぽした。

2 となり町[4]の みせで 青[5]い セーターを かった。

3 林[6]で どんぐりを 五[7]こ

6 まるい お月[15]さまが 森[16]の 上[17]に うかんで いる。

7 きょうかしょの 文[18]しょうを こえに 出[19]して 三[20]かい よんだ。

ひろって 竹[8]かごの 中[9]に
入[10]れた。

4 子[11]ねこの 名[12]まえを
かぞくで かんがえた。

5 えんぴつを 正[13]しく もって
ていねいに 字[14]を かく。

2 つぎの **かん字**の **ふとい** ところは **なんばんめ**に かきますか。○の なかに **すう字**を かきなさい。

(12)
1×12

本	円	火	金	花	玉
1 ○	2 ○	3 ○	4 ○	5 ○	6 ○

目	夕	町	気	赤	草
7 ○	8 ○	9 ○	10 ○	11 ○	12 ○

11

3 つぎの ぶんを よんで、——せんの **かん字**の **よみがな**を ——せんの **みぎ**に かきなさい。 (16) 2×8

かえるが 一[1] ぴき とびはねた。

やきいもを 一[2] つ たべた。

日[3] よう日に としょかんに いく。

あさ日[4] が のぼって きた。

4 つぎの **ことば**の **よみがな**で ただしい ほうの **ばんごう**に ○を つけなさい。 (10) 2×5

1 六こ
1 ろつこ
2 ろっこ

2 正月
1 しょうがつ
2 しょおがつ

3 百人
1 ひやくにん
2 ひゃくにん

4 王子
1 おうぢ
2 おうじ

5 名犬
1 めいけん
2 めえけん

おつりは 5 十円だった。

へやに 6 円い テーブルを おいた。

でん 7 車の まどから うみを 見る。

おかあさんが 8 車を うんてんする。

5 □に **ひらがな**を **一字** かいて、つぎの **ことば**の **よみ**を こたえなさい。 (12) 2×6

(れい ふじ山……ふじ[さん])

ちょ金…ちょき 1 □

二つ…ふ 2 □ つ

花火…は 3 □ び

お年玉…お 4 □ し 5 □ ま

五日…いつ 6 □

11

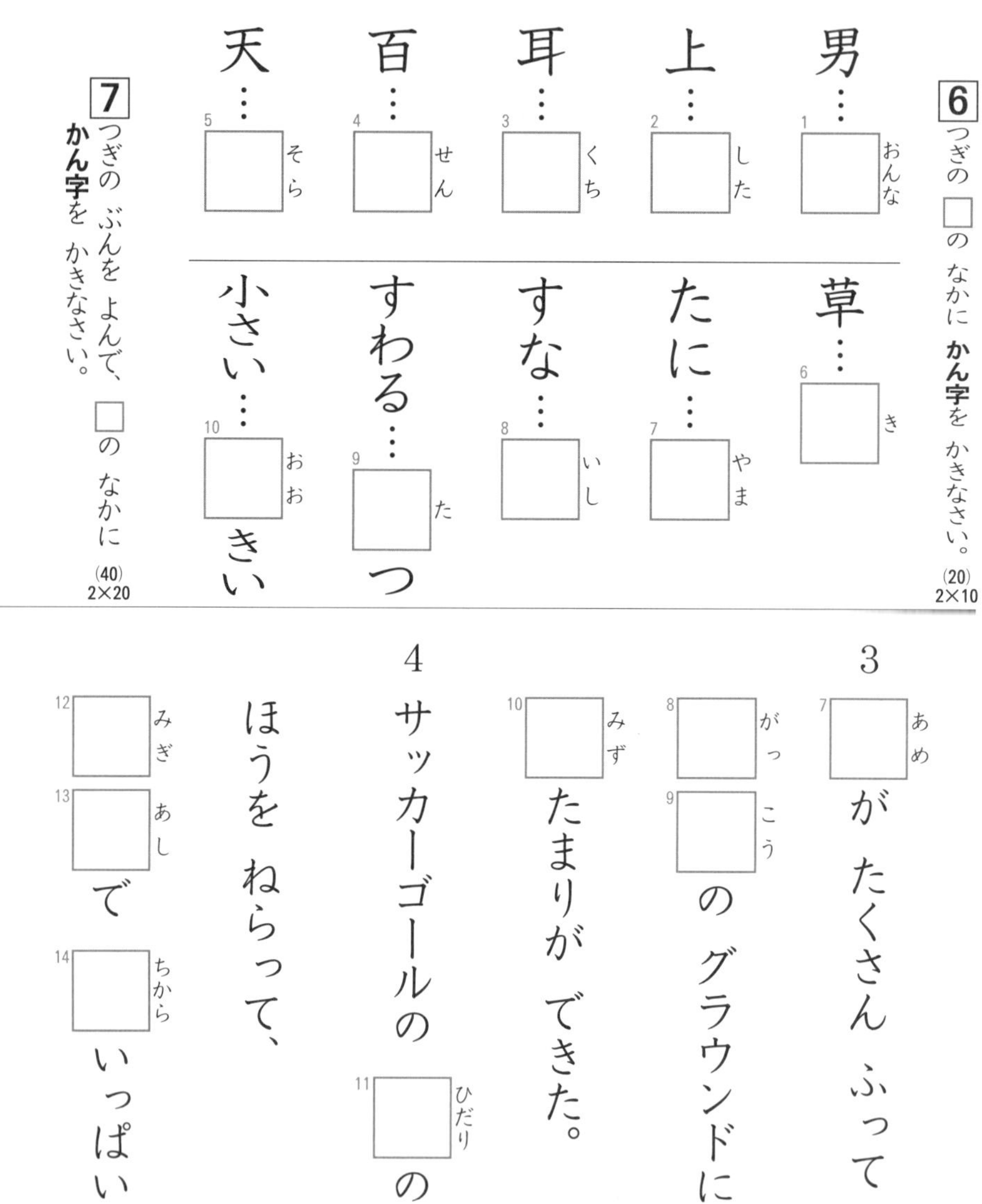

6 つぎの □の なかに かん字を かきなさい。 (20) 2×10

男…1□(おんな)

上…2□(した)

耳…3□(くち)

百…4□(せん)

天…5□(そら)

草…6□(き)

たに…7□(やま)

すな…8□(いし)

すわる…9□(た)つ

小さい…10□(おお)きい

7 つぎの ぶんを よんで、□の なかに かん字を かきなさい。 (40) 2×20

3 7□(あめ)が たくさん ふって 8□(がっ)9□(こう)の グラウンドに 10□(みず)たまりが できた。

4 サッカーゴールの 11□(ひだり)の ほうを ねらって、12□(みぎ)13□(あし)で 14□(ちから) いっぱい

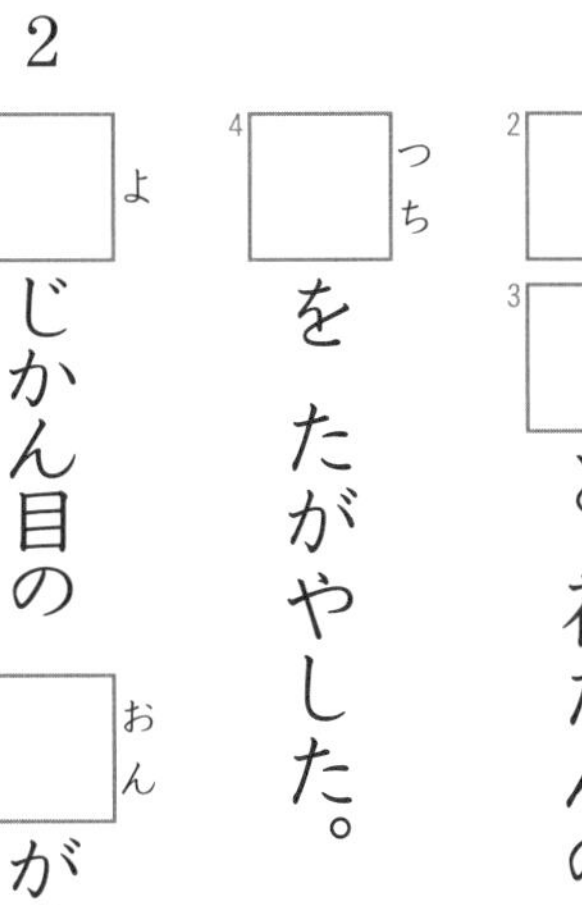

1 きのう、ひる 1□(やす)みに 2□(せん)3□(せい)と 花だんの 4□(つち)を たがやした。

2 5□(よ)じかん目の 6□(おん)がくで けんばんハーモニカの れんしゅうを した。

ボールを けった。

5 15□(なな)つの 16□(かい)がらを 17□(しろ)い 18□(いと)で つないで くびかざりを つくる。

6 19□(むら)の 20□(た)んぼには ゆきが のこって いた。

▼解答(かいとう)(こたえ)は別冊(べっさつ)42～45ページ

しけんもんだい 12（10級）

1 つぎの ぶんを よんで、――せんの かん字の よみがなを ――せんの みぎに かきなさい。 (40) 2×20

1 ねて いた 犬[1]が とつぜん おき上[2]がって 耳[3]を ぴんと 立[4]てた。

2 夕[5]がた、にしの 空[6]が 赤[7]く そまって 見[8]えた。

6 林[15]の 上の ほうに まるい 月[16]が うかんで いる。

7 あすの 五[17]じかん目[18]は 三[19]がいの 音[20]がくしつで がっきの えんそうを する。

3 [9]正しい かきじゅんで ノートに かん[10]字を かく。

4 となりの いえの [11]人に げん[12]気よく あいさつした。

5 [13]水よう日に [14]学校で ひなんくんれんが あった。

---

2 つぎの **かん字**の **ふとい** ところは **なんばんめ**に かきますか。○の なかに **すう字**を かきなさい。

(12) 1×12

林	糸	五	学	竹	音
1 ○	2 ○	3 ○	4 ○	5 ○	6 ○

力	水	見	夕	校	町
7 ○	8 ○	9 ○	10 ○	11 ○	12 ○

3 つぎの ぶんを よんで、――せんの **かん字**の **よみがな**を ――せんの **みぎ**に かきなさい。 (16) 2×8

1 なわとびが 九かい とべた。

2 みかんを 九つ かごに もる。

3 にわに 花だんを つくる。

4 つばきの 花が さいて いる。

4 つぎの **ことば**の **よみがな**で ただしい ほうの **ばんごう**に ◯を つけなさい。 (10) 2×5

1 ざっ草
 1 ざっそう
 2 ざっそお

2 男女
 1 だんぢょ
 2 だんじょ

3 五日
 1 いつか
 2 いっか

4 休けい
 1 きゆうけい
 2 きゅうけい

5 名人
 1 めえじん
 2 めいじん

5 日よう日に えいがを 見た。

6 にしの うみに 日が しずむ。

7 入学して 一年が たつ。

8 お年よりに せきを ゆずる。

5 □に **ひらがな**を **一字** かいて、つぎの **ことば**の **よみ**を こたえなさい。 (12) 2×6

（れい　ふじ山……ふじ[さ]ん）

力もち…ちか 1 □ もち

竹かご…た 2 □ かご

六本…ろっ 3 □ ん

水玉…み 4 □ た 5 □

二か月…にか 6 □ つ

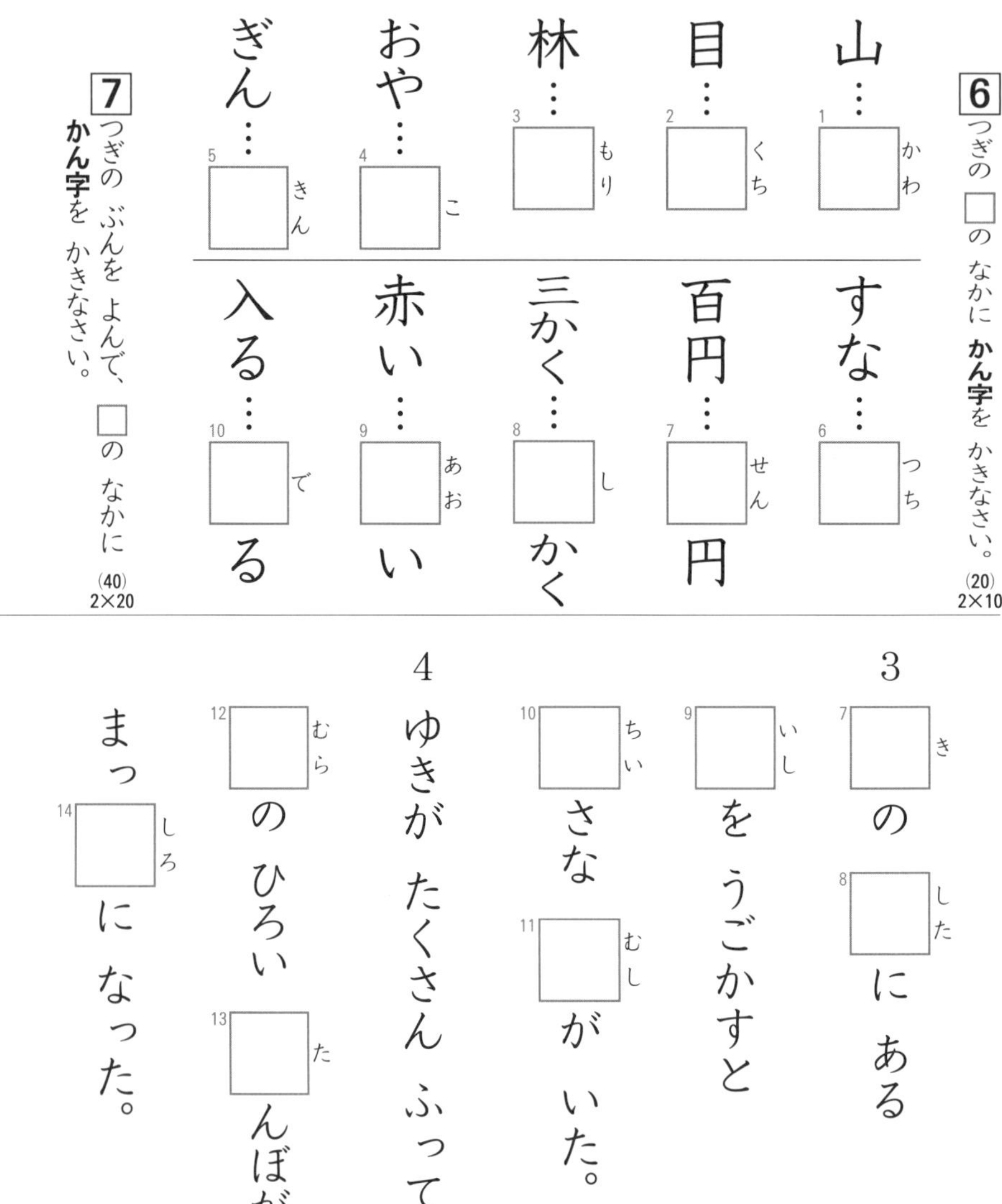

6 つぎの □の なかに **かん字**を かきなさい。 (20) 2×10

山…1 [かわ]

目…2 [くち]

林…3 [もり]

おや…4 [こ]

ぎん…5 [きん]

すな…6 [つち]

百円…7 [せん] 円

三かく…8 [し] かく

赤い…9 [あお] い

入る…10 [で] る

7 つぎの ぶんを よんで、□の なかに **かん字**を かきなさい。 (40) 2×20

3 7 [き] の 8 [した] に ある

9 [いし] を うごかすと

10 [ちい] さな 11 [むし] が いた。

4 ゆきが たくさん ふって

12 [むら] の ひろい 13 [た] んぼが

まっ 14 [しろ] に なった。

10級

1　おにごっこを した とき、
[1]□(ひだり)の [2]□(あし)くびを
くじいて しまった。

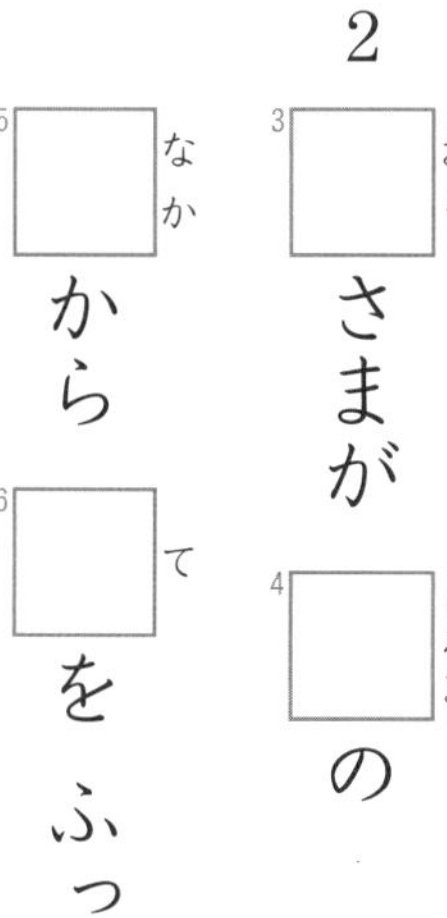

2　[3]□(おう)さまが [4]□(くるま)の
[5]□(なか)から [6]□(て)を ふって
いる。

5　[15]□(せん)[16]□(せい)が こくばんに
かいた [17]□(ぶん)しょうを、
みんなで いっしょに
[18]□(おお)きな こえで よんだ。

6　[19]□(あめ)が やんで [20]□(なな)いろの
にじが 空に かかった。

▼解答(こたえ)は別冊46～49ページ

しけんもんだい  （9級）

（一） つぎの文をよんで、――せんの漢字のよみがなを――せんの右にかきなさい。 (22) 1×22

1 おまわりさんが学校に来[1]て 交通[2]ルールをわかりやすく 教[3]えてくれた。

2 どうぶつ園[4]のかばが大きな 口をあけて、すいかを丸[5]ごと 食[6]べていた。

3 お兄[7]さんは、鳴[8]き声を 聞[9]いただけで、鳥[10]の名まえを

（二） つぎの漢字のふといところはなんばんめにかきますか。○の中にすう字をかきなさい。 (10) 1×10

形……1 ○

来……2 ○

思……3 ○

京……4 ○

教……5 ○

雲……6 ○

食……7 ○

新……8 ○

用……9 ○

細……10 ○

（三） □にひらがなを一字かいて、つぎのことばのよみをこたえなさい。 (8) 1×8

（れい　左右……さゆう）

雨雲……1 □まぐも

言[11]うことができる。

4 近[12]くのじんじゃに、白い馬[13]を

えがいた古い絵[14]がある。

5 図工[15]の時間に作[16]った船[17]を

おふろでうかべた。

6 夏休[18]みのすごし方[19]について

お母[20]さんといっしょに考[21]え、

計画[22]を立てた。

草原……そ[2]げ[3]

半年……[4]んと[5]

正直……しょうじ[6]

大雪……[7]お[8]き

（四）○のところは、**はねるか、とめるか、**正しいかきかたで○の中にかきなさい。(4) 1×4

（れい　字○→字○　下○→下○）

1 弓○と矢

2 までの外○

3 内○がわ

4 汽○車

（五）

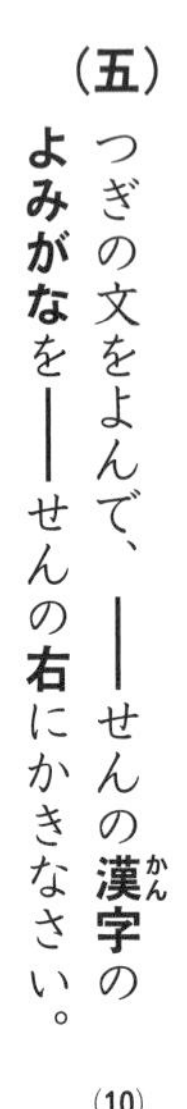

つぎの文をよんで、――せんの漢字(かん)のよみがなを――せんの右にかきなさい。

(10) 1×10

はじめて新(1)かん線にのった。

新(2)しいくつをはいて出かける。

あたたかい毛(3)ふにくるまる。

毛糸(4)であやとりをする。

兄は親友(5)と魚つりに行った。

友(6)だちとのやくそくをまもる。

（六）

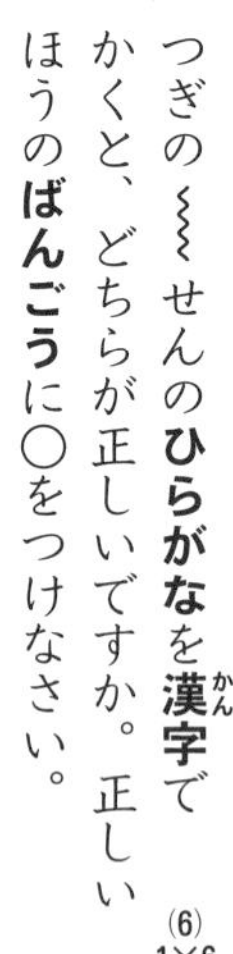

つぎの〰せんのひらがなを漢字(かん)でかくと、どちらが正しいですか。正しいほうのばんごうに○をつけなさい。

(6) 1×6

1 中し
- 1 中上
- 2 中止

2 ご後
- 1 牛後
- 2 午後

3 じ分
- 1 自分
- 2 目分

4 どう点
- 1 同点
- 2 何点

5 岩せき
- 1 岩古
- 2 岩石

おばあさんに7電話をかけた。

みんなで8話し合ってきめる。

9画用紙にクレヨンで絵をかく。

「ももたろう」の10紙しばいを見た。

6 りょうり

1 りょう理

2 りょう里

(七) れいのように**おなじなかま**の**漢字**(かん)を□の中にかきなさい。 (20) 2×10

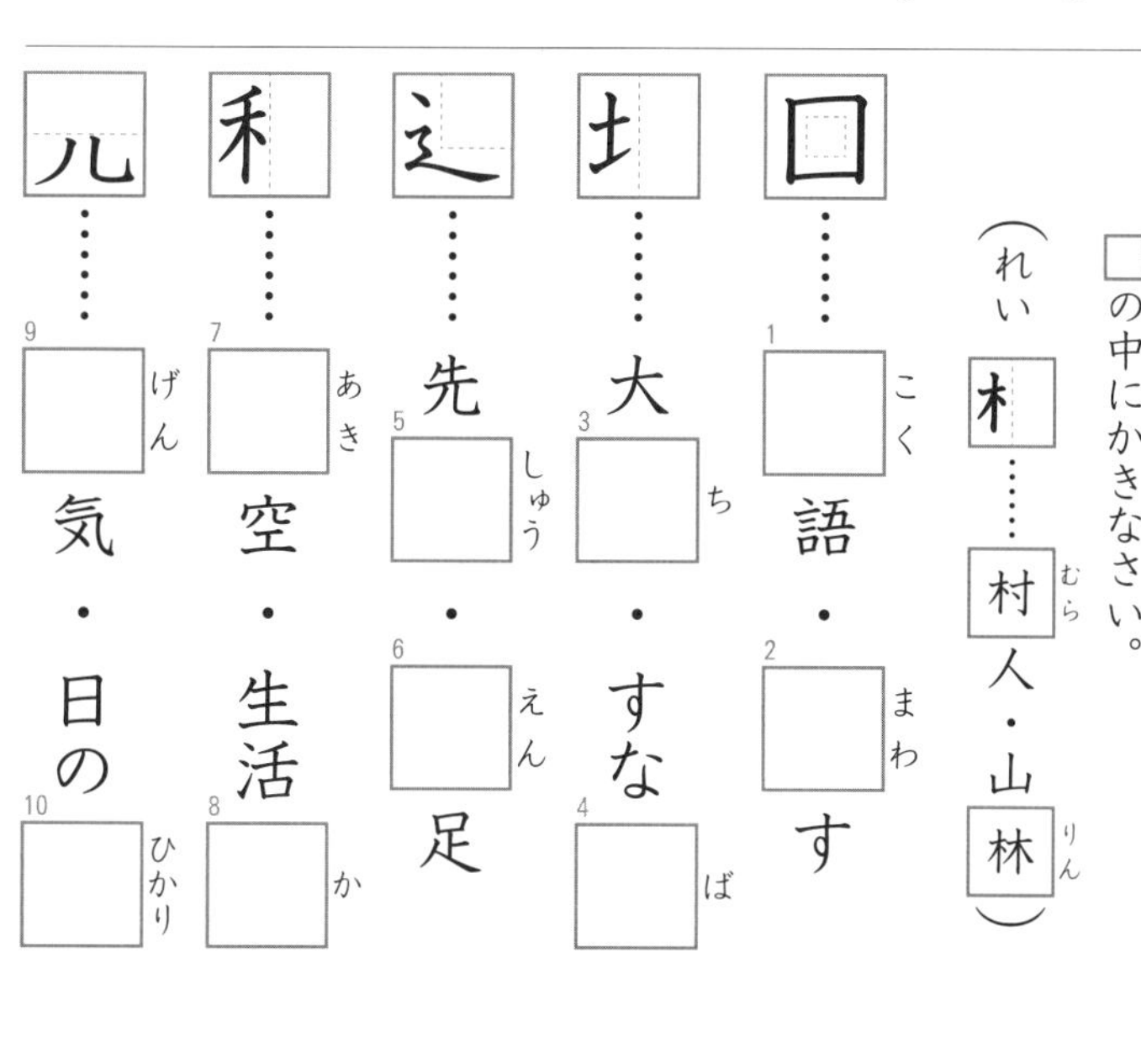

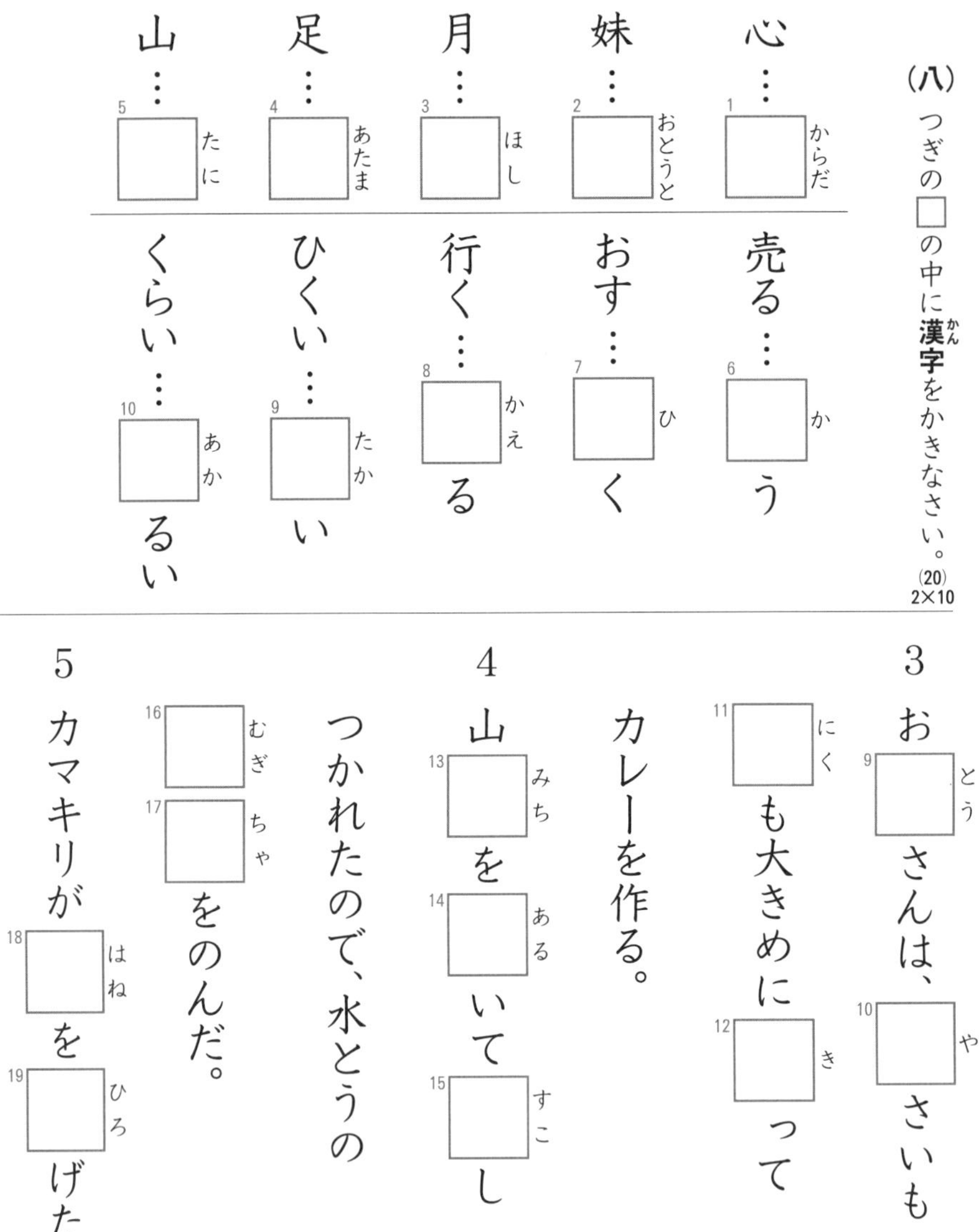

(八) つぎの□の中に漢字(かんじ)をかきなさい。 (20) 2×10

心…［1 からだ］

妹…［2 おとうと］

月…［3 ほし］

足…［4 あたま］

山…［5 たに］

売る…［6 か］う

おす…［7 ひ］く

行く…［8 かえ］る

ひくい…［9 たか］い

くらい…［10 あか］るい

---

3 お［9 とう］さんは、［10 や］さいも［11 にく］も大きめに［12 き］って カレーを作る。

4 山［13 みち］を［14 ある］いて［15 すこ］し つかれたので、水とうの［16 むぎ］［17 ちゃ］をのんだ。

5 カマキリが［18 はね］を［19 ひろ］げた

（九）つぎの文をよんで、□の中に漢字(かん)をかきなさい。 (50) 2×25

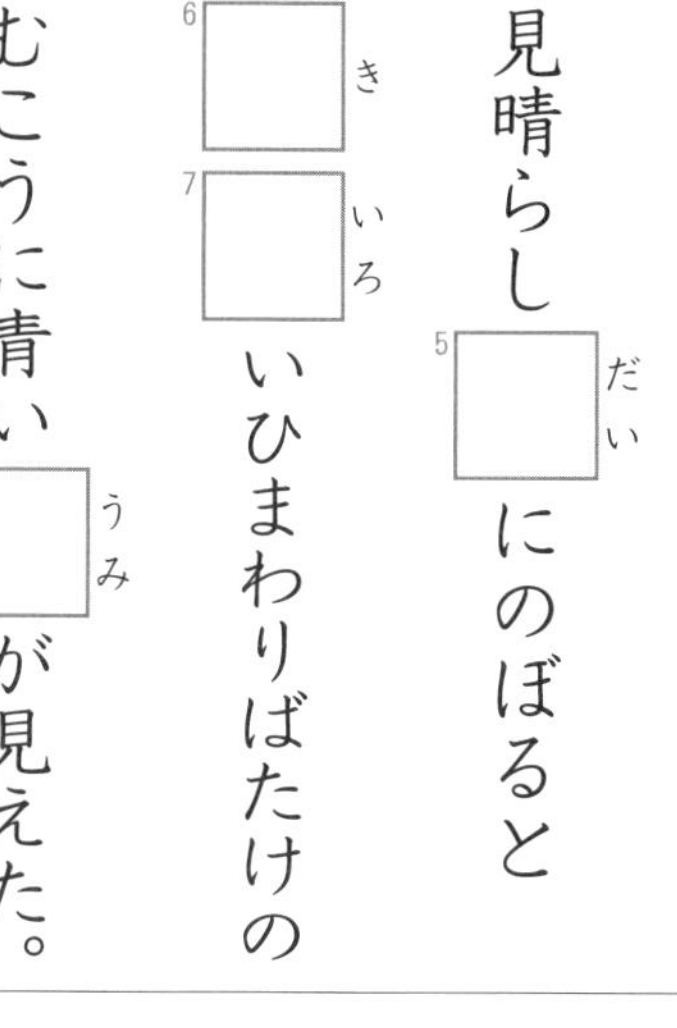

1　[1 さん][2 すう]の時間に先生が文しょうもんだいを[3 こく]ばんに[4 か]いた。

2　見晴らし[5 だい]にのぼると[6 き][7 いろ]いひまわりばたけのむこうに青い[8 うみ]が見えた。

ところを見た。

6　[20 かぜ]が[21 つよ]くなる[22 まえ]にベランダのうえ木ばちを[23 いえ]の中に入れた。

7　[24 あね]は[25 まい]日、ピアノのれんしゅうをしている。

▼解答(かいとう)(こたえ)は別冊(べっさつ)54〜57ページ

●この本に関するアンケート●

今後の出版事業に役立てたいと思いますので、アンケートにご協力ください。抽選で粗品をお送りします。

◆PC・スマートフォンの場合

下記URL、または二次元コードから回答画面に進み、画面の指示に従ってお答えください。

https://www.kanken.or.jp/kanken/textbook/past.html

◆愛読者カード（ハガキ）の場合

この本に挟み込んでいるハガキに切手をはり、お送りください。

漢検 10級 過去問題集

2023年３月25日　第１版第１刷　発行
編　者　公益財団法人 日本漢字能力検定協会
発行者　山崎　信夫
印刷所　大日本印刷株式会社

発行所　公益財団法人 日本漢字能力検定協会

〒605-0074 京都市東山区祇園町南側551番地
☎(075)757-8600
ホームページhttps://www.kanken.or.jp/

Printed in Japan
ISBN978-4-89096-497-0 C0081
乱丁・落丁本はお取り替えいたします。
「漢検」、「漢検」ロゴは登録商標です。

公益財団法人 日本漢字能力検定協会

漢検過去問題集 10級

標準解答（こたえ）

もくじ

本体からはなしてお使いください。

漢検 公益財団法人 日本漢字能力検定協会

700497 (1-1)

10級 しけんもんだい 1

標準解答（こたえ）【本冊18～23ページ】

1 つぎの ぶんを よんで、――せんの **かん字**の **よみがな**を ――せんの **みぎ**に かきなさい。 (40) 2×20

1 ひる休（1 やす）みに としょしつへ いって、おはなしの 本（2 ほん）を 一（3 いっ）さつ かりた。

2 さくらの 木（4 き）に、白（5 しろ）い 小（6 ちい）さな とりが とまった。

5 雨（13 あめ）が 上がって 空（14 そら）に 七（15 なな）いろの にじが 出（16 で）た。

6 土（17 ど）よう日（18 び）に となり町（19 まち）の レストランで 大（20 だい）すきな オムライスを たべた。

合格者平均得点 39.0/40

3 つぎの ぶんを よんで、――せんの **かん字**の **よみがな**を ――せんの **みぎ**に かきなさい。 (16) 2×8

ぼくは 水（1 すい）えいが とくいだ。
あさがおに 水（2 みず）を やる。

ろう下（3 か）を しずかに あるく。
ノートに 下（4 した）じきを はさむ。

3 四[7]（よ）じかん目[8]（め）の おんがくで
先生[9]（せんせい）の ひく ピアノに
あわせて うたを うたった。

4 あさ 早[10]（はや）く おきて、
おとうさんと 林[11]（はやし）の
中[12]（なか）を さんぽする。

---

2 つぎの **かん字**の **ふとい** ところは **なんばんめ**に かきますか。○の なかに **すう字**を かきなさい。

（12）1×12

	かん字	こたえ
1	右	3
2	正	2
3	気	4
4	雨	6
5	林	5
6	小	1
7	町	7
8	字	6
9	手	4
10	年	6
11	青	8
12	草	9

合格者平均得点 11.1／12

えん足[5]（そく）で どうぶつえんに いく。
おたまじゃくしに 足[6]（あし）が はえた。

おねえさんは 九月[7]（くがつ）うまれだ。
空に まるい 月[8]（つき）が うかぶ。

合格者平均得点 15.5／16

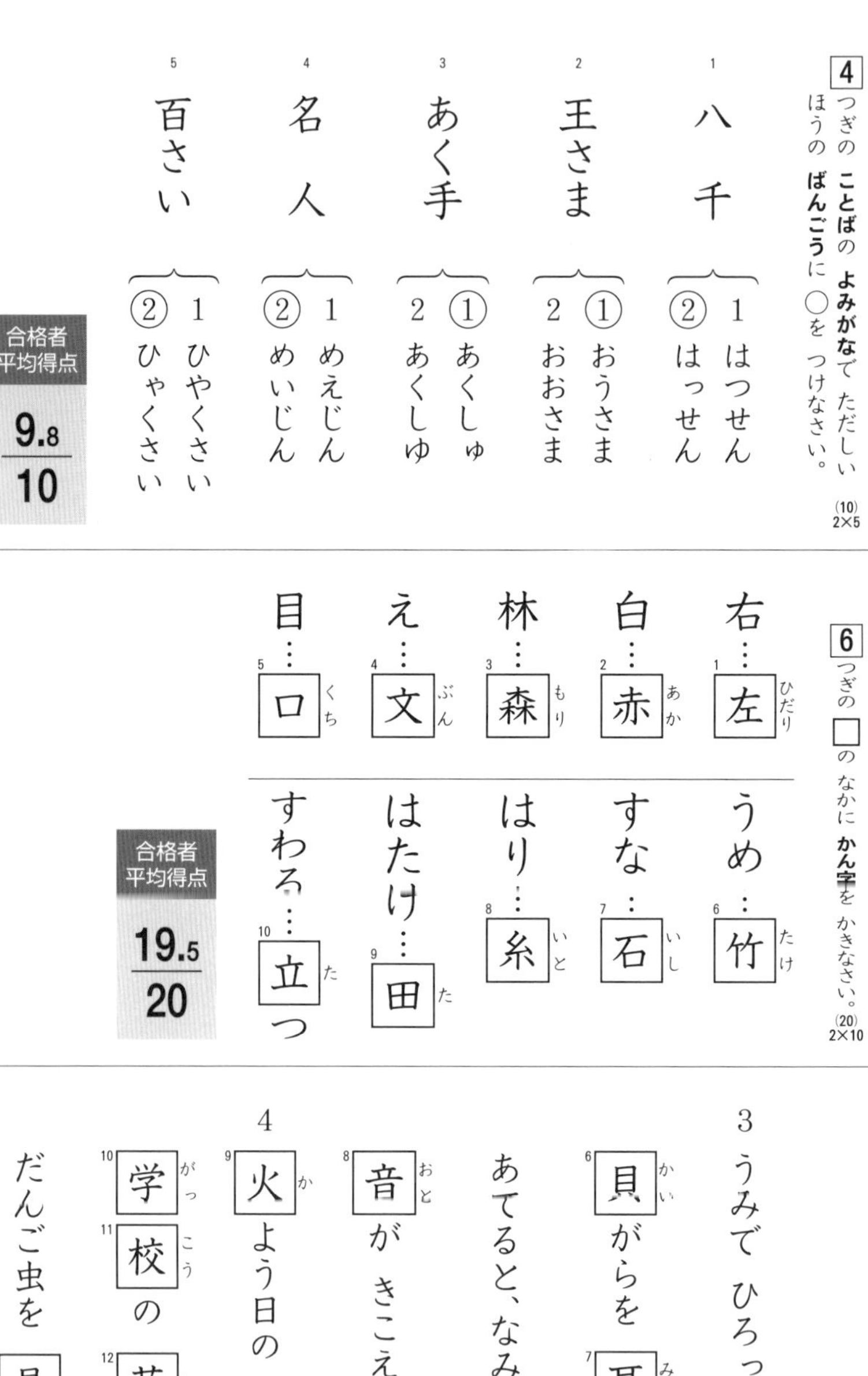

4 つぎの **ことば**の **よみがな**で ただしい ほうの **ばんごう**に ○を つけなさい。(10) 2×5

1 八千 ②はっせん 1はつせん

2 王さま ①おうさま 2おおさま

3 あく手 ①あくしゅ 2あくしゆ

4 名人 ②めいじん 1めえじん

5 百さい ②ひゃくさい 1ひやくさい

合格者平均得点 9.8/10

6 つぎの □の なかに **かん字**を かきなさい。(20) 2×10

1 右…左(ひだり)

2 白…赤(あか)

3 林…森(もり)

4 え…文(ぶん)

5 目…口(くち)

6 うめ…竹(たけ)

7 すな…石(いし)

8 はり…糸(いと)

9 はたけ…田(た)

10 すわろ…立(た)つ

合格者平均得点 19.5/20

3 うみで ひろった 6 貝(かい)がらを 7 耳(みみ)に あてると、なみのような 8 音(おと)が きこえた。

4 9 火(か)よう日の あさ、10 学(がっ)11 校(こう)の 12 花(か)だんで だんご虫を 13 見(み)つけた。

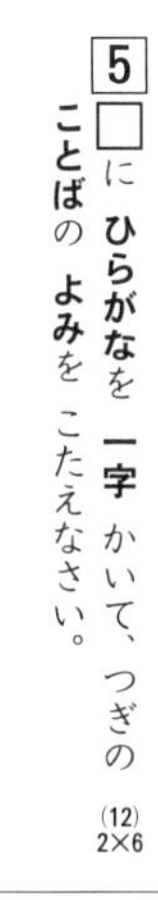

5 □に **ひらがな**を **一字** かいて、つぎの **ことば**の **よみ**を こたえなさい。 (12) 2×6

（れい ふじ山……ふじ[さ]ん）

男子…だ[1 ん]し

空気…く[2 う]き

小川…おが[3 わ]

六つ…[4 む]っつ

こん虫…こん[5 ち]ゅ[6 う]

合格者平均得点 11.7/12

---

7 つぎの ぶんを よんで、□の なかに **かん字**を かきなさい。 (40) 2×20

1 わたしの おじいさんは [1 山](やま)の ふもとの [2 村](むら)に すんで いる。

2 [3 五](ご)十メートルそうで、[4 力](ちから)いっぱい はしって [5 二](に)ばんに なった。

---

5 十[14 円](えん)[15 玉](だま)を [16 三](さん)まい ちょ[17 金](きん)ばこに [18 入](い)れる。

6 テレビの [19 天](てん)気よほうの とおり、[20 夕](ゆう)がたから 雨に なった。

合格者平均得点 38.4/40

学習した日 月 日 /150

10級 しけんもんだい 2

標準解答（こたえ）【本冊24〜29ページ】

1 つぎの ぶんを よんで、――せんの **かん字**の **よみがな**を ――せんの **みぎ**に かきなさい。 (40) 2×20

1 ずこうの じかんに、ねん土（1 ど）で、口（2 くち）を あけて いる かばを 二（3 に）とう つくった。

2 山（4 やま）に いった とき、木（5 き）の

4 天気（13 てんき）の よい 日（14 ひ）に、あさ 早（15 はや）くから 林（16 はやし）で 虫（17 むし）とりを した。

5 小（18 ちい）さな 貝（19 かい）がらを 一（20 ひと）つ ともだちに あげた。

合格者平均得点 39.1/40

3 つぎの ぶんを よんで、――せんの **かん字**の **よみがな**を ――せんの **みぎ**に かきなさい。 (16) 2×8

にわの ざっ草（1 そう）を ぬいた。
うしが 草（2 くさ）を たべて いる。

あしたの えん足（3 そく）が たのしみだ。
この くつは 足（4 あし）に ぴったりだ。

えだに [6]青（あお）い とりが
とまって いるのを [7]見（み）た。

3
[8]四（よ）じかんめに [9]先生（せんせい）が
[10]本（ほん）を よんで くれた。
やさしい [11]王（おう）さまが [12]出（で）て
くる おはなしだった。

2 つぎの **かん字**の **ふとい** ところは **なんばんめ**に かきますか。○の なかに **すう字**を かきなさい。 (12) 1×12

番号	かん字	こたえ
1	左	4
2	月	2
3	正	3
4	先	5
5	草	4
6	糸	2
7	竹	6
8	名	6
9	村	7
10	下	3
11	字	6
12	見	7

合格者平均得点 11.6 / 12

らい[5]年（ねん）の はるに ひっこす。
お[6]年（とし）よりに せきを ゆずる。

きのうは [7]九（く）じに ねた。
だんごを [8]九（ここの）つ かった。

合格者平均得点 15.3 / 16

4 つぎの **ことば**の **よみがな**で ただしい ほうの **ばんごう**に ◯を つけなさい。 (10) 2×5

1 正月 ②1 しようがつ ②しょうがつ
2 すう字 1 すうぢ ②すうじ
3 百円 ①ひゃくえん 2 ひやくえん
4 七名 1 ななめえ ②ななめい
5 八ぴき ①はっぴき 2 はつぴき

合格者平均得点 9.8/10

6 つぎの □の なかに **かん字**を かきなさい。 (20) 2×10

左…1 右(みぎ)
林…2 森(もり)
え…3 文(ぶん)
村…4 町(まち)
草…5 花(はな)

おや…6 子(こ)
そと…7 中(なか)
いわ…8 石(いし)
はたけ…9 田(た)んぼ
すわる…10 立(た)つ

合格者平均得点 19.6/20

3 7 雨(あめ)が 8 上(あ)がったので、9 夕(ゆう)がた、10 犬(いぬ)を さんぽに つれて いった。

4 11 目(め)ざましどけいが 12 耳(みみ)もとで なった。13 大(おお)きな 14 音(おと)で おどろいた。

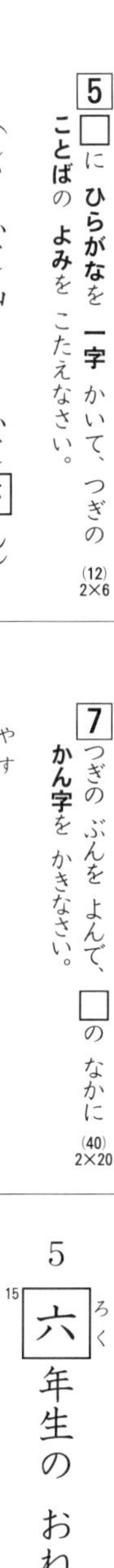

5 □に **ひらがなを** **一字** かいて、つぎの **ことばの** **よみを** こたえなさい。 (12) 2×6

（れい　ふじ山……ふじ［さ］ん）

小川…おが［1 わ］

玉入れ…た［2 ま］［3 い］れ

男女…だ［4 ん］じょ

三かく…［5 さ］んかく

よう虫…ようちゅ［6 う］

合格者平均得点 11.8／12

---

7 つぎの ぶんを よんで、□の なかに **かん字を** かきなさい。 (40) 2×20

1
［1 休(やす)］みの 日に かぞく［2 五(ご)］［3 人(にん)］で、［4 車(くるま)］に のって 出かけた。

2
たんぽぽの ［5 白(しろ)］い わたげが ［6 空(そら)］に ふわふわ とんで いった。

5
［15 六(ろく)］年生の おねえさんと ［16 手(て)］を つないで ［17 学(がっ)］［18 校(こう)］に いく。

6
［19 水(すい)］そうの ［20 金(きん)］ぎょに えさを やる。

合格者平均得点 38.9／40

学習した日　月　日

／150

10級 しけんもんだい 3

標準解答（こたえ）【本冊30～35ページ】

1 つぎの ぶんを よんで、――せんの **かん字**の **よみがな**を ――せんの **みぎ**に かきなさい。　(40) 2×20

1　先生（1 せんせい）に 名まえを よばれたので、へんじを して 立（2 た）ち上（3 あ）がった。

2　日（4 にち）よう日の あさ 早（5 はや）く 犬（6 いぬ）を つれて ちかくの

5　雨（14 あめ）が やんで、空（15 そら）に 七（16 なな）いろの にじが かかる。

6　大（17 おお）きな 石（18 いし）の そばに 白（19 しろ）い 花が さいて いるのを 見（20 み）つけた。

合格者平均得点　39.4 / 40

3 つぎの ぶんを よんで、――せんの **かん字**の **よみがな**を ――せんの **みぎ**に かきなさい。　(16) 2×8

金（1 きん）ぎょに えさを やる。
ぎんこうに お金（2 かね）を あずける。

こん虫（3 ちゅう）の ずかんを かった。
とんぼを 虫（4 むし）かごに 入れる。

森[7]（もり）を さんぽした。

3 よなかに つよい かぜの 音[8]（おと）が して 目[9]（め）が さめた。

4 かぞくで 町[10]（まち）へ かいものに 出[11]（で）かけた。ぼくは 本[12]（ほん）を 二[13]（に）さつ かって もらった。

2 つぎの かん字の ふとい ところは なんばんめに かきますか。○の なかに すう字を かきなさい。

(12) 1×12

金	正	花	虫	空	立
1 ③	2 ④	3 ⑥	4 ③	5 ⑦	6 ②

竹	出	雨	文	白	町
7 ⑥	8 ⑤	9 ⑧	10 ④	11 ⑤	12 ⑦

合格者平均得点 11.0/12

五[5]（ご）じに えきに ついた。かごに りんごを 五[6]（いつ）つ もる。

はたけの ざっ草[7]（そう）を ぬく。草[8]（くさ）はらで おにごっこを した。

合格者平均得点 15.0/16

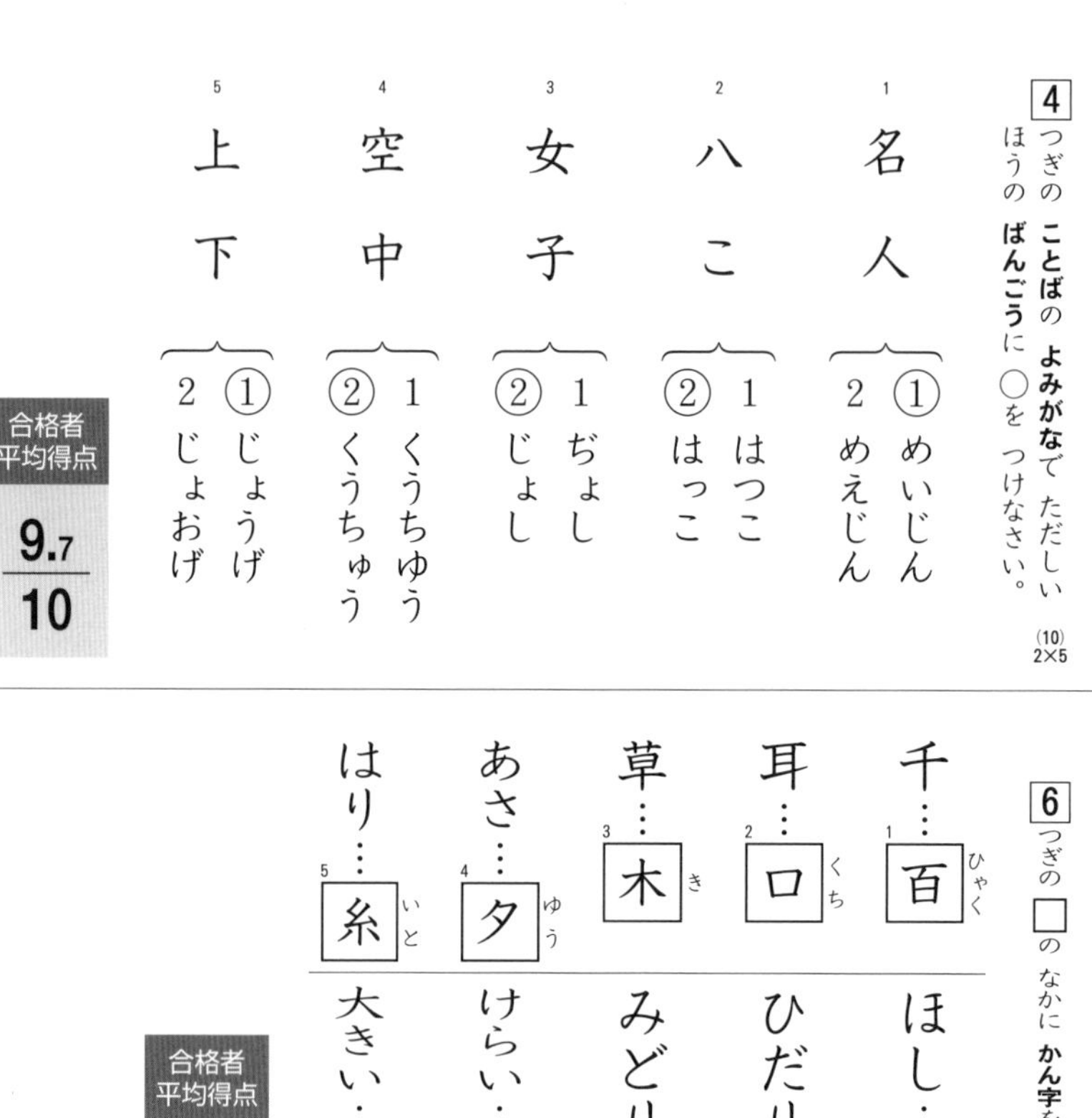

4 つぎの **ことば**の **よみがなで** ただしい ほうの **ばんごう**に ○を つけなさい。 (10) 2×5

1 名人 ①めいじん 2めえじん

2 八こ 1はつこ ②はっこ

3 女子 1ぢょし ②じょし

4 空中 1くうちゆう ②くうちゅう

5 上下 ①じょうげ 2じょおげ

合格者平均得点 9.7/10

6 つぎの □の なかに **かん字**を かきなさい。 (20) 2×10

千…1 百(ひゃく)

耳…2 口(くち)

草…3 木(き)

あさ…4 夕(ゆう)

はり…5 糸(いと)

ほし…6 月(つき)

ひだり…7 右(みぎ)

みどり…8 青(あお)

けらい…9 王(おう)さま

大きい…10 小(ちい)さい

合格者平均得点 19.5/20

3 あしたの えん8 足(そく)は でん9 車(しゃ)に のって どうぶつえんへ いく。

4 10 学(がっ)11 校(こう)の ちかくに 12 赤(あか)い 13 三(さん)かくの やねの パンやさんが できた。

5 ゴールの 14 左(ひだり)はしを

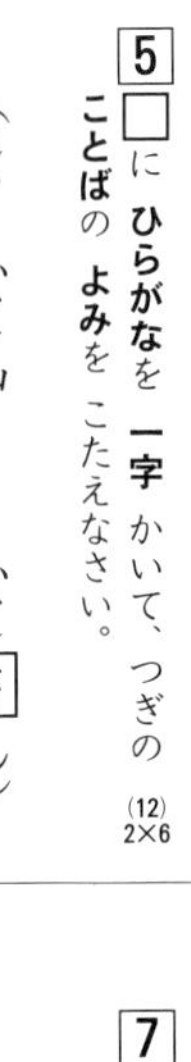

5 □に ひらがなを 一字 かいて、つぎの ことばの よみを こたえなさい。 (12) 2×6

（れい ふじ山……ふじ[さ]ん）

花 火…はな[1 び]

らい年…らい[2 ね]ん

貝がら…か[3 い]がら

竹かご…[4 た]けかご

一円玉…い[5 ち]え[6 ん]だま

合格者平均得点 11.8/12

7 つぎの ぶんを よんで、□の なかに かん字を かきなさい。 (40) 2×20

1 ひる[1 休(やす)]みに [2 六(ろく)]年生と いっしょに あそんだ。

2 [3 林(はやし)]を ながれる [4 川(かわ)]に [5 手(て)]を つけて みた。[6 水(みず)]が つめたくて とても [7 気(き)]もちが よかった。

ねらって、[15 力(ちから)]いっぱい サッカーボールを ける。

6 [16 村(むら)]の [17 田(た)]んぼで [18 四(よ)]人の [19 男(おとこ)]の 人が [20 土(つち)]を たがやして いる。

合格者平均得点 38.6/40

学習した日 月 日

/150

10級 しけんもんだい 4

標準解答（こたえ）【本冊36～41ページ】

1 つぎの ぶんを よんで、——せんの **かん字**の **よみがな**を ——せんの **みぎ**に かきなさい。 (40) 2×20

1 こうえんで、三人（1 さん にん）の 女（2 おんな）の子が シャボン玉（3 だま）を とばして あそんで いた。

2 まいあさ、校（4 こう）もんの まえで 先生（5 せん せい）に あいさつを する。

5 名（14 な）まえを よばれたので、げん気（15 き）よく へんじを して 立（16 た）ちあがる。

6 石（17 いし）を うごかすと、下（18 した）に 小（19 ちい）さい 虫（20 むし）が いた。

合格者平均得点 39.2/40

3 つぎの ぶんを よんで、——せんの **かん字**の **よみがな**を ——せんの **みぎ**に かきなさい。 (16) 2×8

とりが 一（1 いち）わ とび立った。
ぶどうを 一（2 ひと）つぶ たべる。

あすの えん足（3 そく）が たのしみだ。
ころんで 足（4 あし）くびを いためた。

3 [6]休(やす)みの [7]日(ひ)に、ちかくの としょかんで [8]本(ほん)を [9]四(よん)さつ かりた。

4 うえ[10]木(き)ばちに [11]土(つち)を [12]入(い)れて、[13]花(はな)の たねを まいた。

---

2 つぎの **かん字**の **ふとい** ところは **なんばんめ**に かきますか。○の なかに **すう字**を かきなさい。

(12) 1×12

山	竹	学	天	出	石
1 ②	2 ④	3 ⑤	4 ②	5 ①	6 ③
青	田	花	玉	休	足
7 ⑧	8 ⑤	9 ⑦	10 ⑤	11 ⑥	12 ⑦

合格者平均得点 11.2 / 12

ろう[5]下(か)の 右がわを あるく。
ながい かいだんを [6]下(お)りる。

おとうさんは [7]五(ご)じに おきる。
あめを [8]五(いつ)つ もらった。

合格者平均得点 15.3 / 16

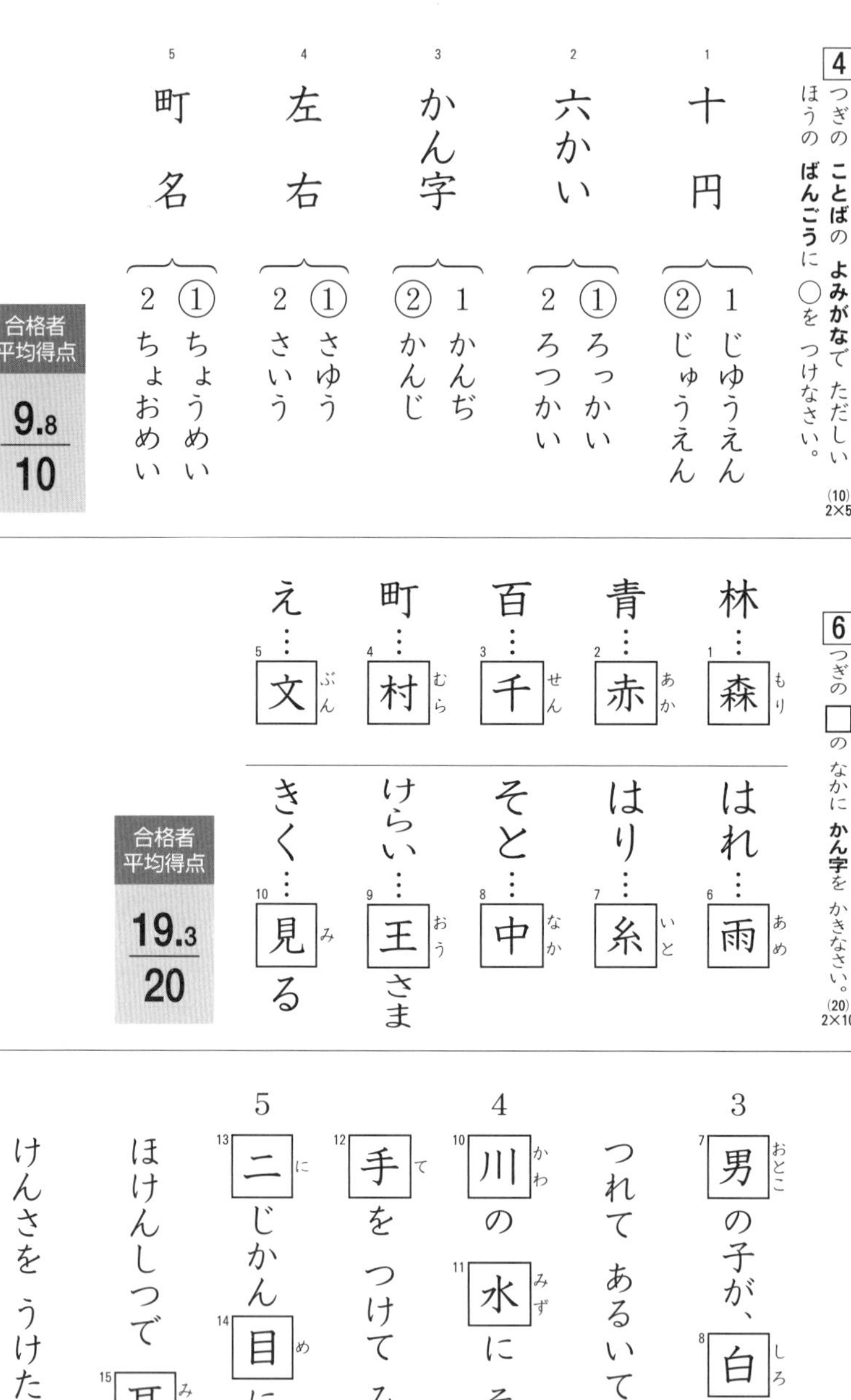

4 つぎの **ことば**の **よみがなで** ただしい ほうの **ばんごう**に ○を つけなさい。 (10) 2×5

1 十円　1 じゆうえん　②じゅうえん

2 六かい　①ろっかい　2 ろつかい

3 かん字　1 かんぢ　②かんじ

4 左右　①さゆう　2 さいう

5 町名　①ちょうめい　2 ちょおめい

合格者平均得点 9.8 / 10

6 つぎの □の なかに **かん字**を かきなさい。 (20) 2×10

林…1 森（もり）

青…2 赤（あか）

百…3 千（せん）

町…4 村（むら）

え…5 文（ぶん）

はれ…6 雨（あめ）

はり…7 糸（いと）

そと…8 中（なか）

けらい…9 王（おう）さま

きく…10 見（み）る

合格者平均得点 19.3 / 20

3 7 男（おとこ）の子が、8 白（しろ）い 9 犬（いぬ）を つれて あるいて いる。

4 10 川（かわ）の 11 水（みず）に そっと 12 手（て）を つけて みた。

5 13 二（に）じかん 14 目（め）に、ほけんしつで 15 耳（みみ）の けんさを うけた。

5 □に ひらがなを 一字 かいて、つぎの ことばの よみを こたえなさい。 (12) 2×6

（れい ふじ山……ふじ[さ]ん）

貝がら…1[か]いがら

竹やぶ…た2[け]やぶ

九 年…3[き]ゅうねん

早おき…は4[や]おき

入 学…にゅ5[う]が6[く]

合格者平均得点 11.8/12

7 つぎの ぶんを よんで、□の なかに かん字を かきなさい。 (40) 2×20

1 1[音(おん)]がくしつで2[口(くち)]を3[大(おお)]きく あけて うたを うたった。

2 ケーキの4[上(うえ)]に 立てた5[七(なな)]本の ろうそくに6[火(ひ)]を つける。

6 さかみちで16[力(ちから)]いっぱい じてん17[車(しゃ)]を こぐ。

7 18[夕(ゆう)]がた、ひがしの19[空(そら)]を みると、まるい20[月(つき)]が うかんで いた。

合格者平均得点 39.2/40

学習した日 月 日

/150

1 つぎの ぶんを よんで、——せんの **かん字の よみがなを** ——せんの **みぎに** かきなさい。 (40) 2×20

1
[1]赤（あか）い くつを はいた
[2]女（おんな）の子が [3]音（おん）がくに
あわせて げん[4]気（き）に
おどって いる。

2
[5]村（むら）の じんじゃに、[6]石（いし）で

5
[15]雨（あめ）が やんで、くもの
あいだから お[16]日（ひ）さまが
かおを [17]出（だ）した。

6
[18]田（た）んぼの [19]中（なか）に かえるが
[20]二（に）ひき いた。

合格者平均得点 39.1／40

3 つぎの ぶんを よんで、——せんの **かん字の よみがなを** ——せんの **みぎに** かきなさい。 (16) 2×8

おりがみで [1]金（きん）メダルを つくる。
お[2]金（かね）を さいふから 出す。

えきの そばで [3]火（か）じが あった。
こんや、[4]花火（はなび）を する。

できた 大（7 おお）きな とりいが
立（8 た）って いる。

3 四（9 よ）じかんめの たいいくは
プールで ばた足（10 あし）を した。

4 林（11 はやし）で みかけた 木（12 き）の
名（13 な）まえを 本（14 ほん）で しらべた。

---

2 つぎの **かん字**の **ふとい** ところは **なんばんめ**に かきますか。○の なかに **すう字**を かきなさい。

(12) 1×12

字	川	貝	音	先	糸
1 ④	2 ①	3 ②	4 ⑤	5 ③	6 ②

山	竹	森	右	金	文
7 ③	8 ⑥	9 ⑫	10 ⑤	11 ⑧	12 ④

合格者平均得点
11.2
12

月（5 げつ）よう日は はいしゃに いく。
月（6 つき）が くもに かくれた。

五（7 ご）じに いえに ついた。
いちごを 五（8 いつ）つ たべた。

合格者平均得点
15.4
16

4 つぎの **ことば**の **よみがな**で ただしい ほうの **ばんごう**に ◯を つけなさい。 (10) 2×5

1 女子　1 ぢょし　②じょし
2 王さま　1 おおさま　②おうさま
3 六つ　①むっつ　2 むつつ
4 先生　1 せんせえ　②せんせい
5 九ひき　①きゅうひき　2 きゆうひき

合格者平均得点 9.6/10

6 つぎの □の なかに **かん字**を かきなさい。 (20) 2×10

1 村…町（まち）
2 口…耳（みみ）
3 右…左（ひだり）
4 花…草（くさ）
5 火…水（みず）
6 ねこ…犬（いぬ）
7 千円…百（ひゃく）円
8 あさ日…夕（ゆう）日
9 おそい…早（はや）い
10 あがる…下（さ）がる

合格者平均得点 19.1/20

3 花だんの 7 土（つち）の 8 上（うえ）に 9 小（ちい）さな だんご 10 虫（むし）が いた。

4 五 11 十（じゅう）メートルそうで ゴールを 12 目（め）ざして 13 力（ちから）いっぱい はしった。

5 14 白（しろ）い ふうせんが

5 □に **ひらがな**を **一字** かいて、つぎの **ことば**の **よみ**を こたえなさい。 (12) 2×6

（れい　ふじ山……ふじ[さん]）

らい年…らい[1 ねん]

七人…し[2 ち][3 に]ん

右うで…[4 み]ぎうで

お正月…お[5 し]ょうがつ

八さい…[6 は]っさい

合格者平均得点 11.7/12

---

7 つぎの ぶんを よんで、□の なかに **かん字**を かきなさい。 (40) 2×20

1 ひる[1 休（やす）]みに そとで あそんだ あと、[2 手（て）]を あらって きょうしつに [3 入（はい）]った。

2 [4 学（がっ）][5 校（こう）]からの かえりに くろい ねこを [6 見（み）]た。

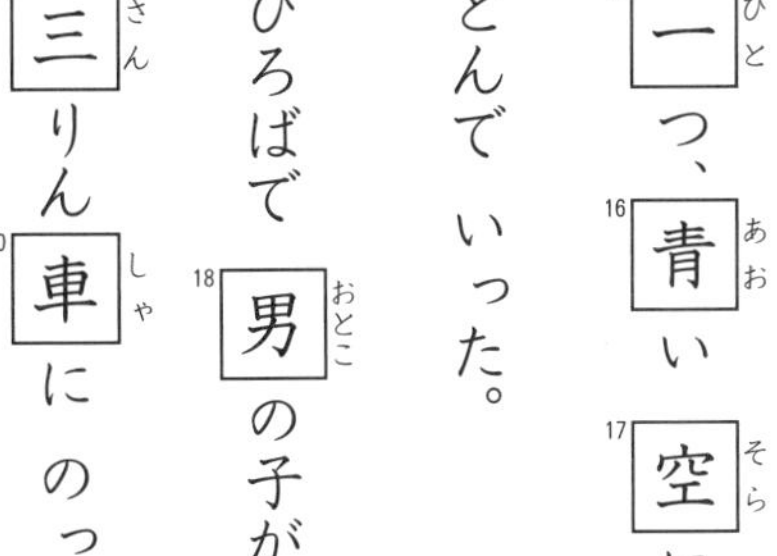

[15 一（ひと）]つ、[16 青（あお）]い [17 空（そら）]に とんで いった。

6 ひろばで [18 男（おとこ）]の子が [19 三（さん）]りん[20 車（しゃ）]に のって あそんで いる。

合格者平均得点 38.5/40

学習した日　月　日

/150

1 つぎの ぶんを よんで、——せんの **かん字の よみがなを** ——せんの **みぎ**に かきなさい。 2×20 (40)

1
二（1 に）じかん目（2 め）の こくごで、
先生（3 せんせい）が こくばんに
かいた 文（4 ぶん）を みんなで
こえに 出（5 だ）して よんだ。

2
男（6 おとこ）の 人が 田（7 た）んぼの

5
林（15 はやし）に いって 虫（16 むし）を
五（17 ご）ひき つかまえた。

6
空（18 そら）に くろい くもが
ひろがって、大（19 おお）つぶの
雨（20 あめ）が ふって きた。

合格者平均得点 39.0/40

3 つぎの ぶんを よんで、——せんの **かん字**の **よみがな**を ——せんの **みぎ**に かきなさい。 2×8 (16)

木（1 もく）よう日は ダンスを ならう。
木（2 き）の えだに とりが とまる。

リレーの せん手（3 しゅ）に なりたい。
おとうとと 手（4 て）を つないだ。

8 土（つち）を たがやして いる。

3 えん 9 足（そく）で ちかくの 10 山（やま）に のぼった。

4 11 赤（あか）い おはじきの 12 中（なか）に 13 青（あお）い おはじきが 14 一（ひと）つ まじって いる。

---

2 つぎの **かん字**の **ふとい** ところは **なんばんめ**に かきますか。○の なかに **すう字**を かきなさい。

(12) 1×12

番号	かん字	こたえ
1	糸	②
2	五	②
3	足	⑤
4	先	③
5	青	④
6	赤	⑥
7	天	④
8	虫	⑥
9	空	⑧
10	出	⑤
11	町	⑦
12	雨	⑧

合格者平均得点 11.0 / 12

うまが 5 草（そう）げんを はしる。

6 草（くさ）むらで こおろぎを みつけた。

7 音（おん）がくしつで オルガンを ひく。

たいこを たたく 8 音（おと）が した。

合格者平均得点 15.0 / 16

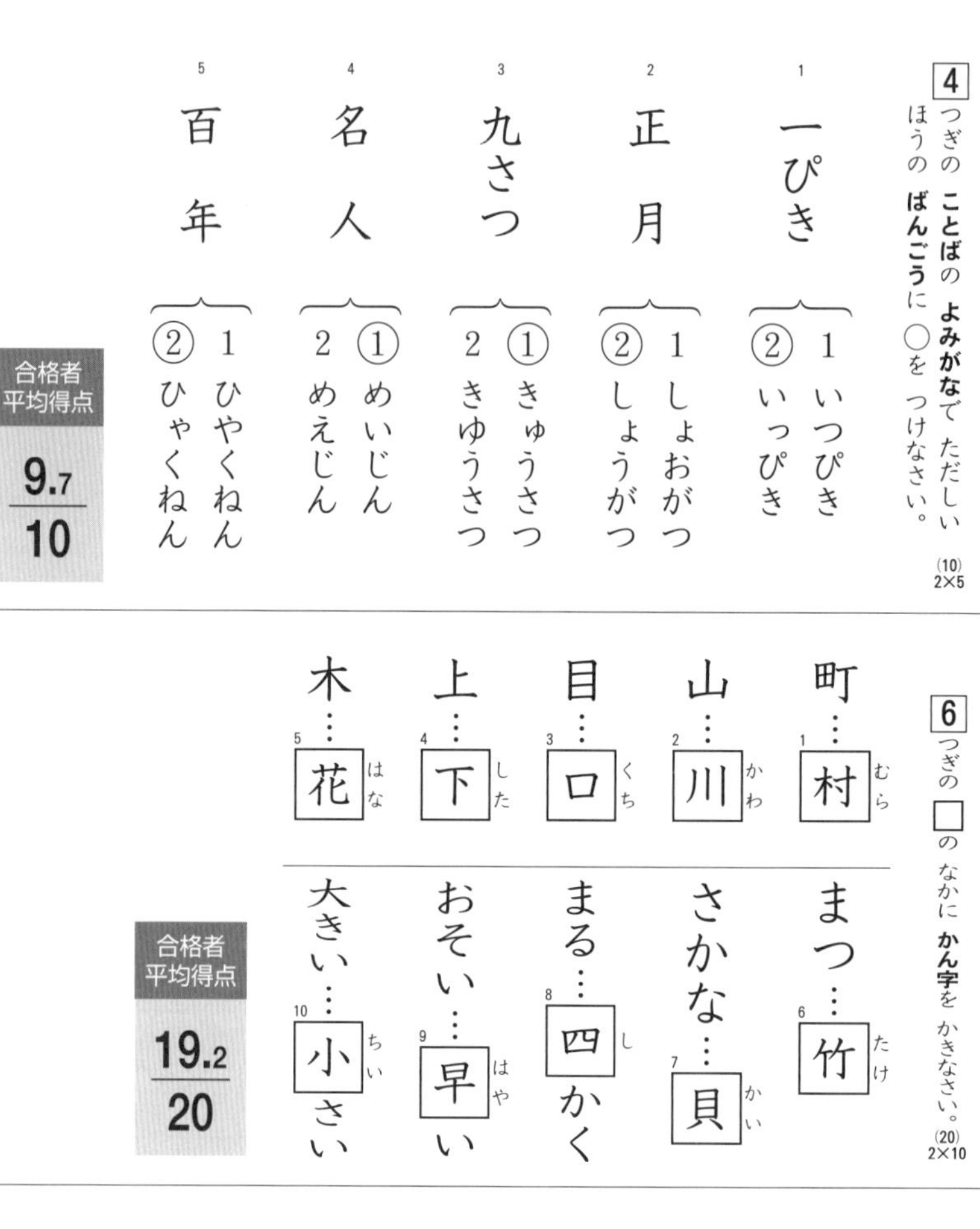

4 つぎの **ことば**の **よみがな**で ただしい ほうの **ばんごう**に ○を つけなさい。 (10) 2×5

1 一ぴき　1 いつぴき　②いっぴき

2 正月　1 しょおがつ　②しょうがつ

3 九さつ　①きゅうさつ　2 きゆうさつ

4 名人　①めいじん　2 めえじん

5 百年　1 ひやくねん　②ひゃくねん

合格者平均得点 9.7/10

6 つぎの □の なかに **かん字**を かきなさい。 (20) 2×10

1 町…村(むら)

2 山…川(かわ)

3 目…口(くち)

4 上…下(した)

5 木…花(はな)

6 まつ…竹(たけ)

7 さかな…貝(かい)

8 まる…四(し)かく

9 おそい…早(はや)い

10 大きい…小(ちい)さい

合格者平均得点 19.2/20

3 かって きた 8 金(きん)ぎょを 9 三(さん)びき、10 水(すい)そうに 11 入(い)れる。

4 12 夕(ゆう)がた、こうえんで 13 白(しろ)い 14 犬(いぬ)を つれた 男の 人と すれちがった。

5 みちを わたる ときは、

5 □に ひらがなを 一字 かいて、つぎの ことばの よみを こたえなさい。 (12) 2×6

（れい ふじ山……ふじ[さ]ん）

け糸…け[1 い]と

石けん…[2 せ]っけん

天気…て[3 ん]き

町かど…ま[4 ち]かど

千円…[5 せ]ん[6 え]ん

合格者平均得点 11.2/12

7 つぎの ぶんを よんで、□の なかに かん字を かきなさい。 (40) 2×20

1 ひる[1 休(やす)]みに [2 女(おんな)]の[3 子(こ)]

[4 八(はち)]人で ドッジボールを した。

2 [5 学(がっ)][6 校(こう)]の もんの まえに

[7 立(た)]って いる 先生に

あいさつを した。

[15 右(みぎ)]と [16 左(ひだり)]を よく

[17 見(み)]て、[18 車(くるま)]が こないか

たしかめよう。

6 [19 王(おう)]さまが うまに

のって [20 森(もり)]へ いく。

合格者平均得点 38.8/40

学習した日 月 日 /150

1 つぎの ぶんを よんで、──せんの **かん字**の **よみがな**を ──せんの **みぎ**に かきなさい。 (40) 2×20

1 山（1 やま）で ひろった どんぐりに 白（2 しろ）い ペンで 目（3 め）と 口（4 くち）を かいた。

2 おべんとうばこの 中（5 なか）に 三（6 さん）かくの おにぎり 二（7 に）こと

4 夕（15 ゆう）がた、天気（16 てんき）が わるく なり、雨（17 あめ）が ふって きた。

5 校（18 こう）ていで なわとびを した。かた足（19 あし）とびが 五（20 ご）かい できた。

合格者平均得点 38.9／40

3 つぎの ぶんを よんで、──せんの **かん字**の **よみがな**を ──せんの **みぎ**に かきなさい。 (16) 2×8

ぼくは よる 九（1 く）じに ねる。
貝がらを 九（2 ここの）つ ひろった。

いとこと 一年（3 いちねん）ぶりに あった。
お年（4 とし）よりに けん玉を おそわる。

大(8 だい)すきな からあげが
入(9 はい)って いる。

3 休(10 やす)みの 日(11 ひ)に、スケートに
いった。手(12 て)すりを つかんで
やっと、こおりの 上(13 うえ)に
立(14 た)つ ことが できた。

---

2 つぎの **かん字**の **ふとい** ところは **なんばんめ**に かきますか。○の なかに **すう字**を かきなさい。 (12) 1×12

	かん字	こたえ
1	正	3
2	貝	4
3	小	1
4	花	5
5	町	6
6	千	2
7	七	2
8	火	4
9	百	6
10	村	7
11	円	4
12	学	8

合格者平均得点 11.2 / 12

おりがみで 金(5 きん)メダルを つくる。
がいこくの お金(6 かね)を もらった。

土(7 ど)よう日に しあいが ある。
土(8 つち)を ほると みみずが いた。

合格者平均得点 15.2 / 16

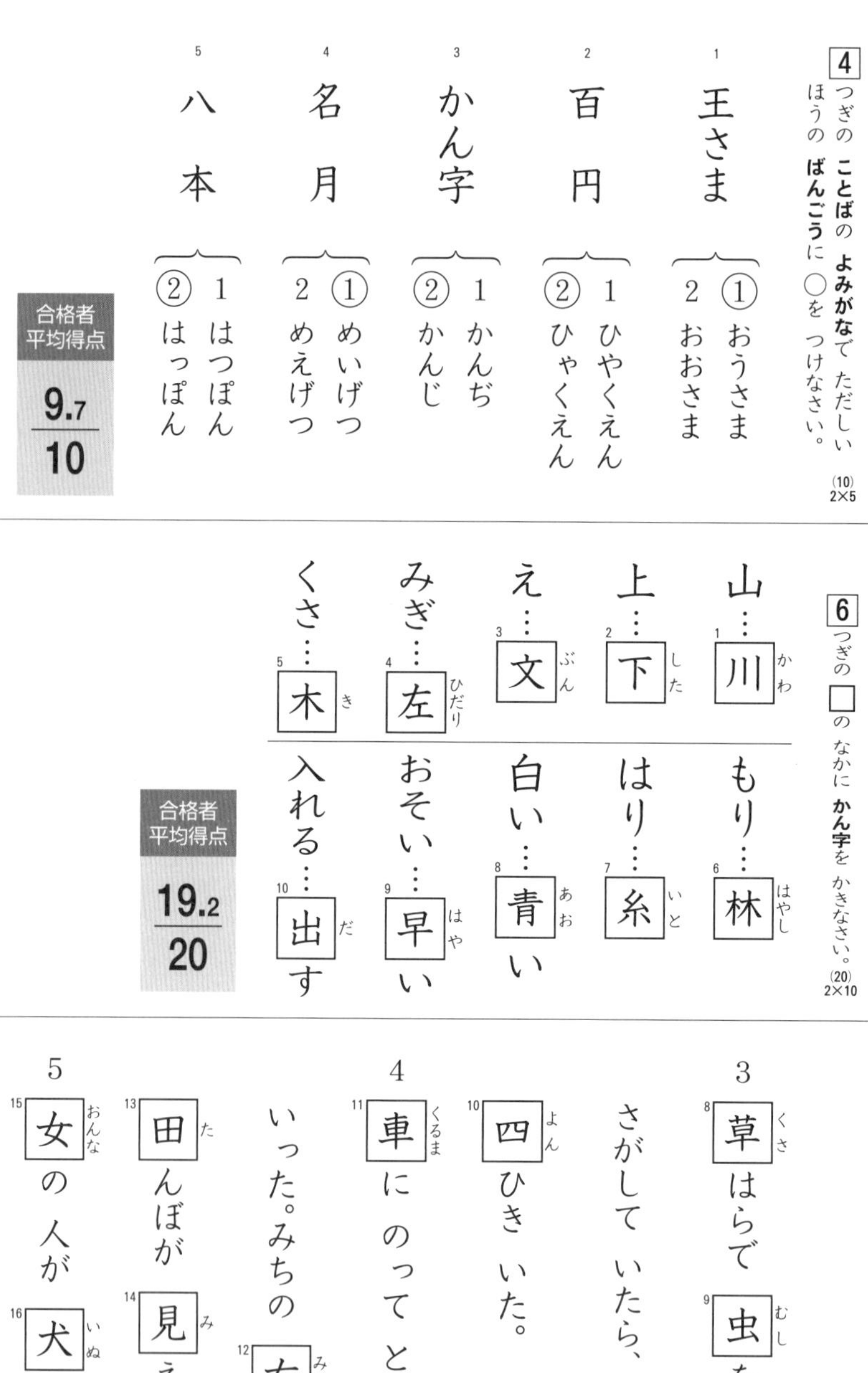

4 つぎの **ことば**の **よみがな**で ただしい ほうの **ばんごう**に ○を つけなさい。 (10) 2×5

1 王さま　2 おおさま　① おうさま

2 百円　1 ひやくえん　② ひゃくえん

3 かん字　1 かんぢ　② かんじ

4 名月　① めいげつ　2 めえげつ

5 八本　1 はつぽん　② はっぽん

合格者平均得点 9.7/10

6 つぎの □の なかに **かん字**を かきなさい。 (20) 2×10

山…1 川（かわ）

上…2 下（した）

え…3 文（ぶん）

みぎ…4 左（ひだり）

くさ…5 木（き）

もり…6 林（はやし）

はり…7 糸（いと）

白い…8 青（あお）い

おそい…9 早（はや）い

入れる…10 出（だ）す

合格者平均得点 19.2/20

3 8 草（くさ）はらで 9 虫（むし）を さがして いたら、バッタが 10 四（よん）ひき いた。

4 11 車（くるま）に のって となり村に いった。みちの 12 右（みぎ）がわに 13 田（た）んぼが 14 見（み）えた。

5 15 女（おんな）の 人が 16 犬（いぬ）を

5 □に ひらがなを 一字 かいて、つぎの ことばの よみを こたえなさい。 (12) 2×6

(れい ふじ山……ふじ[さ]ん)

花火…はな[1 び]

二人…ふ[2 た]り

石だん…[3 い]しだん

力もち…ち[4 か]らもち

入学…にゅ[5 う]が[6 く]

合格者平均得点 11.7/12

---

7 つぎの ぶんを よんで、□の なかに かん字を かきなさい。 (40) 2×20

1 [1 男](おとこ)の[2 子](こ)が もって いた [3 赤](あか)い ふうせんが、かぜに とばされて [4 空](そら)たかく とんで いった。

2 [5 先](せん)[6 生](せい)に [7 竹](たけ)うまの のりかたを おそわる。

つれて さんぽして いる。

6 [17 森](もり)の 中で 目を とじて [18 耳](みみ)を すますと、[19 水](みず)の ながれる [20 音](おと)や とりの なく こえが きこえる。

合格者平均得点 38.1/40

学習した日 月 日 /150

1 つぎの ぶんを よんで、——せんの かん字の よみがなを ——せんの みぎに かきなさい。 (40) 2×20

1 休(1 やす)みの 日(2 ひ)に かぞくで 山(3 やま)のぼりを した。

2 ちょ金(4 きん)ばこから 千円(5 せんえん)出(6 だ)して 本を かった。

3 学校(7 がっこう)の かえりに、

5 こうえんで 男(17 おとこ)の子が 竹(18 たけ)とんぼを とばして いる。

6 赤(19 あか)やきいろの はっぱが かぜに ふかれて 木(20 き)の えだで ゆれて いる。

合格者平均得点 39.3／40

3 つぎの ぶんを よんで、——せんの かん字の よみがなを ——せんの みぎに かきなさい。 (16) 2×8

六人(1 ろくにん)で かくれんぼを した。バスに おおくの 人(2 ひと)が のる。

火(3 か)よう日に はいしゃに いく。ガスこんろの 火(4 ひ)を つける。

小[8]（ちい）さな　花[9]（はな）が　さいて
いるのを　見[10]（み）つけた。

4
三[11]（さん）じかん目[12]（め）の　たいいくで
玉[13]（たま）いれの　れんしゅうを
した。力[14]（ちから）いっぱい　なげて
いたら　四[15]（よん）こも　入[16]（はい）った。

2 つぎの **かん字**の **ふとい** ところは **なんばんめ**に かきますか。○の なかに **すう字**を かきなさい。

1 右 ③
2 小 ①
3 文 ②
4 花 ⑤
5 学 ⑥
6 四 ④

7 立 ⑤
8 火 ④
9 町 ⑦
10 百 ⑥
11 夕 ③
12 校 ⑩

(12) 1×12

合格者平均得点 11.6/12

お正月[5]（しょうがつ）に　たこあげを　する。
正[6]（ただ）しい　ことばづかいで　はなす。

いけに　こいが　五[7]（ご）ひき　いる。
かきを　五[8]（いつ）つ　かごに　もる。

合格者平均得点 15.6/16

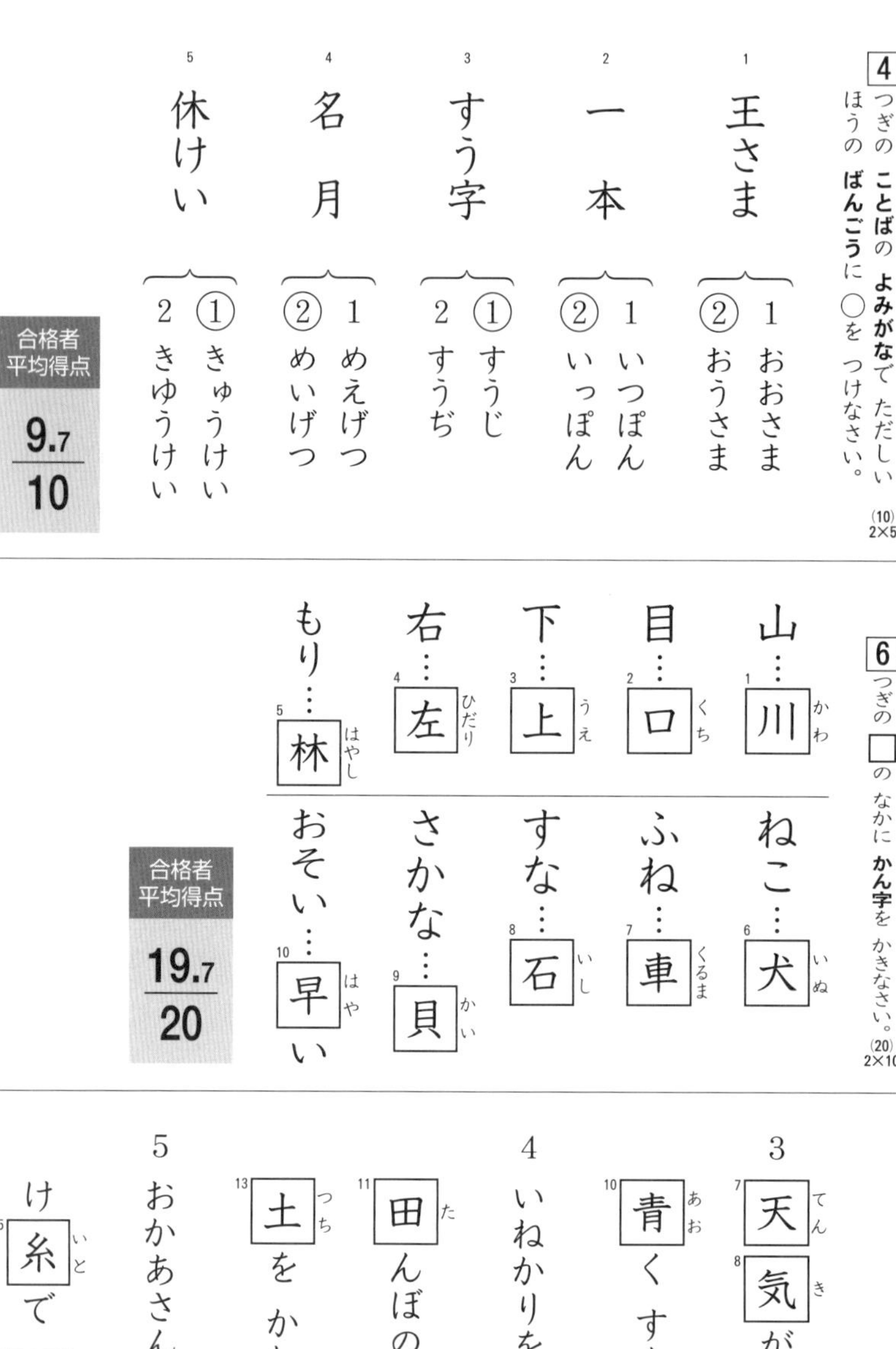

4 つぎの ことばの よみがなで ただしい ほうの ばんごうに ○を つけなさい。 (10) 2×5

1 王さま　1 おおさま　②おうさま

2 一本　1 いつぽん　②いっぽん

3 すう字　①すうじ　2 すうぢ

4 名月　1 めえげつ　②めいげつ

5 休けい　①きゅうけい　2 きゆうけい

合格者平均得点 9.7/10

6 つぎの □の なかに かん字を かきなさい。 (20) 2×10

山…1 川(かわ)

目…2 口(くち)

下…3 上(うえ)

右…4 左(ひだり)

もり…5 林(はやし)

ねこ…6 犬(いぬ)

ふね…7 車(くるま)

すな…8 石(いし)

さかな…9 貝(かい)

おそい…10 早(はや)い

合格者平均得点 19.7/20

3 7 天(てん) 8 気(き)が よく、9 空(そら)が 10 青(あお)く すんで いる。

4 いねかりを する まえに 11 田(た)んぼの 12 水(みず)を ぬいて 13 土(つち)を かわかすそうだ。

5 おかあさんが 14 白(しろ)い け 15 糸(いと)で 16 手(て)ぶくろを

5 □に **ひらがな**を **一字** かいて、つぎの **ことば**の **よみ**を こたえなさい。 (12) 2×6

(れい ふじ山……ふじ[さ]ん)

夕やけ…ゆ[1 う]やけ

九つ…こ こ[2 の]つ

雨がさ…[3 あ]まがさ

男女…だん[4 じ]ょ

百年…[5 ひ]ゃくね[6 ん]

合格者平均得点 11.8/12

7 つぎの ぶんを よんで、□の なかに **かん字**を かきなさい。 (40) 2×20

1 [1 村(むら)]まつりの 日は、たいこの [2 大(おお)]きな [3 音(おと)]が あさから きこえる。

2 [4 先(せん)][5 生(せい)]が ひく ピアノに あわせて、げんきよく [6 足(あし)]ぶみを する。

あんで くれた。

6 [17 森(もり)]の [18 中(なか)]で [19 耳(みみ)]を すますと、草むらから [20 虫(むし)]の なきごえが きこえて きた。

合格者平均得点 38.7/40

学習した日 月 日

/150

1 つぎの ぶんを よんで、――せんの **かん字**の **よみがな**を ――せんの **みぎ**に かきなさい。 (40) 2×20

1 雨（1 あめ）が やんで、空（2 そら）に
七（3 なな）いろの にじが 出（4 て）た。

2 マラソンの せん手（5 しゅ）が
ゴールを 目（6 め）ざして
力（7 ちから）いっぱい はしる。

6 うみで ひろった 貝（15 かい）の
名（16 な）まえを としょかんの
本（17 ほん）で しらべた。

7 火（18 か）よう日（19 び）は おにいさんと
水（20 すい）えいきょうしつに いく。

合格者平均得点 38.6/40

3 つぎの ぶんを よんで、――せんの **かん字**の **よみがな**を ――せんの **みぎ**に かきなさい。 (16) 2×8

じてん車（1 しゃ）で こうえんへ いく。
おもちゃの 車（2 くるま）で あそぶ。

わたしは やきいもが 大（3 だい）すきだ。
うみで 大（4 おお）きな さかなを つった。

3 [8]休（やす）みじかんに [9]先生（せんせい）の

おてつだいを した。

4 きのう、ねこの [10]赤（あか）ちゃんが

[11]五（ご）ひき 生まれた。

5 [12]王（おう）さまが けらいを [13]四人（よにん）

つれて [14]森（もり）へ かりに いく。

2 つぎの **かん字**の **ふとい** ところは **なんばんめ**に かきますか。〇の なかに **すう字**を かきなさい。

(12) 1×12

立	早	正	五	水	金
1 (3)	2 (4)	3 (2)	4 (3)	5 (2)	6 (6)

中	生	赤	力	足	青
7 (4)	8 (5)	9 (7)	10 (2)	11 (7)	12 (8)

合格者平均得点 11.2/12

いもうとは [5]二月（にがつ）うまれだ。

[6]月（つき）が あかるくて きれいだ。

しずかな [7]音（おん）がくが きこえる。

かみなりの [8]音（おと）に おどろいた。

合格者平均得点 15.3/16

4 つぎの ことばの よみがなで ただしい ほうの ばんごうに ○を つけなさい。 (10) 2×5

1 十年 ①1 じゅうねん 2 ぢゅうねん

2 六ぴき 1 ろつぴき ②2 ろっぴき

3 名人 1 めえじん ②2 めいじん

4 左右 ①1 さゆう 2 さいう

5 草げん 1 そおげん ②2 そうげん

合格者平均得点 9.7/10

6 つぎの □の なかに かん字を かきなさい。 (20) 2×10

草…1 花(はな)

男…2 女(おんな)

目…3 口(くち)

森…4 林(はやし)

千…5 百(ひゃく)

ねこ…6 犬(いぬ)

まつ…7 竹(たけ)

はり…8 糸(いと)

あさ日…9 夕(ゆう)日

あがる…10 下(さ)がる

合格者平均得点 19.3/20

3 赤ぐみと 8 白(しろ)ぐみに わかれて 9 玉(たま)入れを した。

4 かん字を つかって 10 文(ぶん)を 11 三(みっ)つ つくる。

5 12 天(てん)13 気(き)が よいので ちかくの 14 川(かわ)へ いって 15 小(ちい)さな かにを とった。

5 □に ひらがなを 一字 かいて、つぎの ことばの よみを こたえなさい。 (12) 2×6

（れい ふじ山……ふじさん）

石だん…い[1 し]だん

金いろ…[2 き]んいろ

七千…なな[3 せ]ん

四かく…[4 し]かく

空中…く[5 う][6 ち]ゅう

合格者平均得点 11.4／12

7 つぎの ぶんを よんで、□の なかに かん字を かきなさい。 (40) 2×20

1 [1 学]（がっ）[2 校]（こう）の かだんの [3 土]（つち）の 中に [4 虫]（むし）が いた。

2 えん足で のぼった [5 山]（やま）の [6 上]（うえ）から わたしたちの すんで いる [7 町]（まち）が 見えた。

6 [16 村]（むら）の 男の 人たちが [17 田]（た）うえを して いる。

7 [18 八]（はち）わの かるがもの おや[19 子]（こ）が [20 一]（いち）れつに ならんで あるいて いる。

合格者平均得点 38.7／40

学習した日 月 日

／150

10級 しけんもんだい 10

標準解答（こたえ）【本冊72～77ページ】

1 つぎの ぶんを よんで、――せんの **かん字**の **よみがな**を ――せんの **みぎ**に かきなさい。 (40) 2×20

1 村（1 むら）の まつりで、男（2 おとこ）の 人（3 ひと）たちが 力（4 ちから）を あわせて みこしを かついだ。

2 竹（5 たけ）やぶの 上（6 うえ）に きれいな 月（7 つき）が うかんで いる。

---

6 先生（16 せんせい）が ぼくの 名（17 な）まえを よんだので、へんじを して 立（18 た）ち上がった。

7 うまの おや子（19 こ）が ひろい 草（20 そう）げんを はしって いる。

合格者平均得点 38.8／40

---

3 つぎの ぶんを よんで、――せんの **かん字**の **よみがな**を ――せんの **みぎ**に かきなさい。 (16) 2×8

でん車（1 しゃ）が えきに ついた。
車（2 くるま）の まどを あける。

こん虫（3 ちゅう）ずかんを かって もらう。
てんとう虫（4 むし）が とんで いった。

3 [8]犬（いぬ）が まえ[9]足（あし）で にわの [10]土（つち）を ほって いる。

4 はりの [11]小（ちい）さな あなに [12]糸（いと）を とおす。

5 [13]雨（あめ）が やんだ あと [14]空（そら）に [15]七（なな）いろの にじが 出た。

---

2 つぎの **かん字**の **ふとい** ところは **なんばんめ**に かきますか。○の なかに **すう字**を かきなさい。

(12) 1×12

番号	かん字	こたえ
1	字	⑤
2	貝	③
3	小	①
4	左	③
5	立	②
6	林	④
7	六	④
8	草	⑨
9	水	④
10	先	⑥
11	青	⑧
12	年	⑥

合格者平均得点 11.2／12

---

[5]水（すい）そうの めだかに えさを やる。
バケツに [6]水（みず）を 入れて はこぶ。

らい[7]年（ねん）も うみに いきたい。
お[8]年（とし）よりに あやとりを おそわる。

合格者平均得点 15.3／16

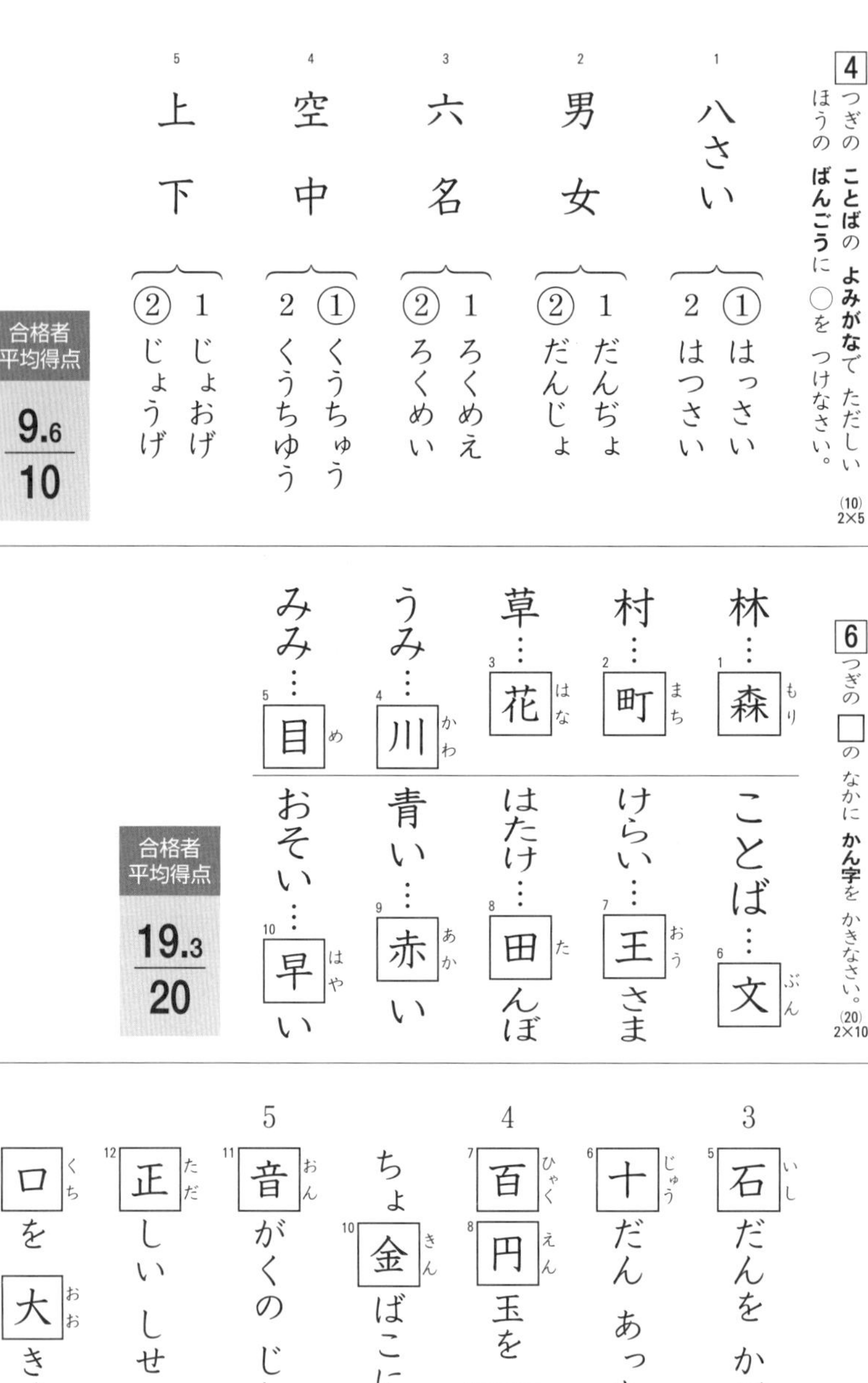

4 つぎの **ことば**の **よみがな**で ただしい ほうの **ばんごう**に ○を つけなさい。 (10) 2×5

1 八さい ① はっさい 2 はつさい

2 男女 1 だんぢょ ② だんじょ

3 六名 1 ろくめえ ② ろくめい

4 空中 ① くうちゅう 2 くうちゆう

5 上下 1 じょおげ ② じょうげ

合格者平均得点 9.6/10

6 つぎの □の なかに **かん字**を かきなさい。 (20) 2×10

林…1 [森](もり)

村…2 [町](まち)

草…3 [花](はな)

うみ…4 [川](かわ)

みみ…5 [目](め)

ことば…6 [文](ぶん)

けらい…7 [王](おう)さま

はたけ…8 [田](た)んぼ

青い…9 [赤](あか)い

おそい…10 [早](はや)い

合格者平均得点 19.3/20

3 5 [石](いし)だんを かぞえると 6 [十](じゅう)だん あった。

4 7 [百](ひゃく) 8 [円](えん)玉を 9 [五](ご)まい ちょ 10 [金](きん)ばこに 入れた。

5 11 [音](おん)がくの じかんに 12 [正](ただ)しい しせいで、13 [口](くち)を 14 [大](おお)きく あけて

5 □に **ひらがな**を **一字** かいて、つぎの **ことば**の **よみ**を こたえなさい。 (12) 2×6

（れい ふじ山……ふじ[さ]ん）

左がわ…ひだ1[り]がわ

玉入れ…た2[ま]いれ

三つ…3[み]っつ

あく手…あく4[し]ゅ

千本…5[せ]んぼ6[ん]

合格者平均得点 11.7/12

（つづき）

うたを うたう。

6 15[天]（てん）16[気]（き）の よい 日に ちかくの 17[山]（やま）に のぼった。わたしの 18[学]（がっ）19[校]（こう）が よく 20[見]（み）えた。

学習した日 月 日

/150

合格者平均得点 38.4/40

---

7 つぎの ぶんを よんで、□の なかに **かん字**を かきなさい。 (40) 2×20

1 1[休]（やす）みの 日に いけで おとうさんと つりを した。ふなが 2[四]（よん）ひき つれた。

2 らいしゅうの 3[火]（か）よう日に ほけんしつで 4[耳]（みみ）の けんさを うける。

1 つぎの ぶんを よんで、——せんの **かん字**の **よみがな**を ——せんの **みぎ**に かきなさい。 (40) 2×20

1 夕(ゆう)[1]がた、犬(いぬ)[2]を つれて
川(かわ)[3]の そばを さんぽした。

2 となり町(まち)[4]の みせで 青(あお)[5]い
セーターを かった。

3 林(はやし)[6]で どんぐりを 五(ご)[7]こ

6 まるい お月(つき)[15]さまが 森(もり)[16]の
上(うえ)[17]に うかんで いる。

7 きょうかしょの 文(ぶん)[18]しょうを
こえに 出(だ)[19]して 三(さん)[20]かい
よんだ。

3 つぎの ぶんを よんで、——せんの **かん字**の **よみがな**を ——せんの **みぎ**に かきなさい。 (16) 2×8

かえるが 一(いっ)[1]ぴき とびはねた。
やきいもを 一(ひと)[2]つ たべた。

日(にち)[3]よう日に としょかんに いく。
あさ日(ひ)[4]が のぼって きた。

ひろって 竹（たけ）[8]かごの 中（なか）[9]に
入（い）[10]れた。

4 子（こ）[11]ねこの 名（な）[12]まえを
かぞくで かんがえた。

5 えんぴつを 正（ただ）[13]しく もって
ていねいに 字（じ）[14]を かく。

2 つぎの **かん字**の **ふとい** ところは **なんばんめ**に かきますか。○の なかに **すう字**を かきなさい。

(12) 1×12

番号	かん字	こたえ
1	本	3
2	円	1
3	火	2
4	金	7
5	花	5
6	玉	4
7	目	5
8	夕	3
9	町	7
10	気	6
11	赤	7
12	草	9

おつりは 十円（じゅうえん）[5]だった。
へやに 円（まる）[6]い テーブルを おいた。

でん車（しゃ）[7]の まどから うみを 見る。
おかあさんが 車（くるま）[8]を うんてんする。

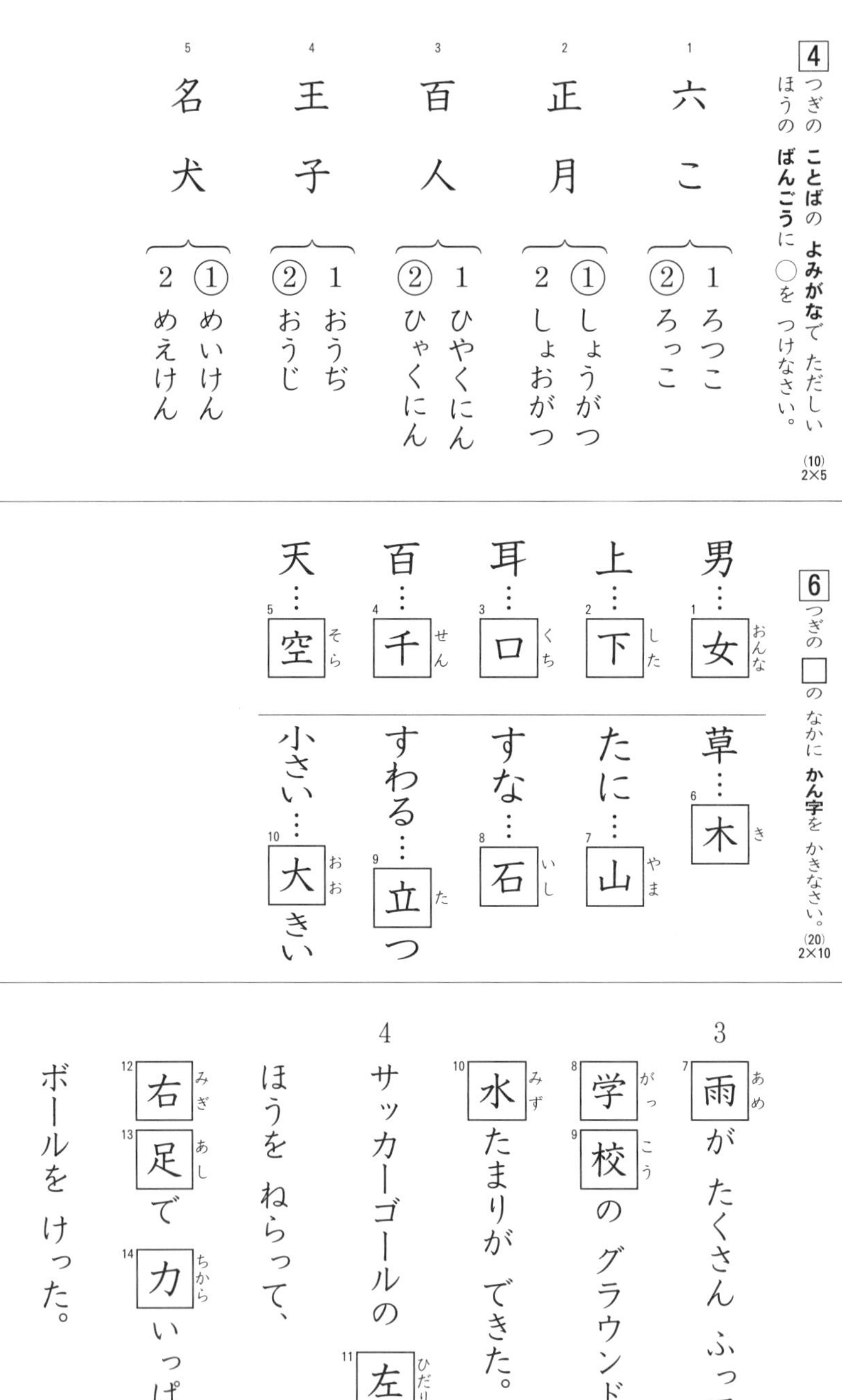

4 つぎの **ことば**の **よみがな**で ただしい ほうの **ばんごう**に ◯を つけなさい。 (10) 2×5

1 六こ　1 ろつこ　② ろっこ

2 正月　① しょうがつ　2 しょおがつ

3 百人　1 ひやくにん　② ひゃくにん

4 王子　1 おうぢ　② おうじ

5 名犬　① めいけん　2 めえけん

6 つぎの □の なかに **かん字**を かきなさい。 (20) 2×10

1 男…女（おんな）

2 上…下（した）

3 耳…口（くち）

4 百…千（せん）

5 天…空（そら）

6 草…木（き）

7 たに…山（やま）

8 すな…石（いし）

9 すわる…立（た）つ

10 小さい…大（おお）きい

3 7雨（あめ）が たくさん ふって 8学（がっ）9校（こう）の グラウンドに 10水（みず）たまりが できた。

4 サッカーゴールの 11左（ひだり）の ほうを ねらって、12右（みぎ）13足（あし）で 14力（ちから）いっぱい ボールを けった。

5 □に **ひらがな**を **一字** かいて、つぎの **ことば**の **よみ**を こたえなさい。 (12) 2×6

（れい ふじ山……ふじ[さ]ん）

ちょ金…ちょき[1 ん]

二つ…ふ[2 た]つ

花火…は[3 な]び

お年玉…お[4 と]し[5 だ]ま

五日…いつ[6 か]

---

7 つぎの ぶんを よんで、□の なかに **かん字**を かきなさい。 (40) 2×20

1 きのう、ひる[1 休（やす）]みに [2 先（せん）][3 生（せい）]と 花だんの [4 土（つち）]を たがやした。

2 [5 四（よ）]じかん目の [6 音（おん）]がくで けんばんハーモニカの れんしゅうを した。

---

5 [15 七（なな）]つの [16 貝（かい）]がらを [17 白（しろ）]い [18 糸（いと）]で つないで くびかざりを つくる。

6 [19 村（むら）]の [20 田（た）]んぼには ゆきが のこって いた。

学習した日 月 日
/150

10級 しけんもんだい 12 標準解答（こたえ）【本冊84～89ページ】

1 つぎの ぶんを よんで、――せんの **かん字**の **よみがな**を ――せんの **みぎ**に かきなさい。 (40) 2×20

1 ねて いた 犬（1 いぬ）が とつぜん おき上（2 あ）がって 耳（3 みみ）を ぴんと 立（4 た）てた。

2 夕（5 ゆう）がた、にしの 空（6 そら）が 赤（7 あか）く そまって 見（8 み）えた。

---

6 林（15 はやし）の 上の ほうに まるい 月（16 つき）が うかんで いる。

7 あすの 五（17 ご）じかん目（18 め）は 三（19 さん）がいの 音（20 おん）がくしつで がっきの えんそうを する。

---

3 つぎの ぶんを よんで、――せんの **かん字**の **よみがな**を ――せんの **みぎ**に かきなさい。 (16) 2×8

なわとびが 九（1 きゅう）かい とべた。
みかんを 九（2 ここの）つ かごに もる。

にわに 花（3 か）だんを つくる。
つばきの 花（4 はな）が さいて いる。

3 正（9 ただ）しい かきじゅんで ノートに かん字（10 じ）を かく。

4 となりの いえの 人（11 ひと）に げん気（12 き）よく あいさつした。

5 水（13 すい）よう日に 学校（14 がっこう）で ひなんくんれんが あった。

---

2 つぎの **かん字**の **ふとい** ところは **なんばんめ**に かきますか。◯の なかに **すう字**を かきなさい。

(12) 1×12

林	糸	五	学	竹	音
1 ④	2 ⑤	3 ②	4 ③	5 ②	6 ⑥
力	水	見	夕	校	町
7 ②	8 ④	9 ⑦	10 ③	11 ⑩	12 ⑦

日（5 にち）よう日に えいがを 見た。
にしの うみに 日（6 ひ）が しずむ。

入学して 一年（7 いちねん）が たつ。
お年（8 とし）よりに せきを ゆずる。

4 つぎの **ことば**の **よみがな**で ただしい ほうの **ばんごう**に ◯を つけなさい。 (10) 2×5

1 ざっ草 ｛ ①ざっそう　2 ざっそお ｝

2 男女 ｛ 1 だんぢょ　②だんじょ ｝

3 五日 ｛ ①いつか　2 いっか ｝

4 休けい ｛ 1 きゆうけい　②きゅうけい ｝

5 名人 ｛ 1 めえじん　②めいじん ｝

6 つぎの □の なかに **かん字**を かきなさい。 (20) 2×10

山…1 [川]（かわ）

目…2 [口]（くち）

林…3 [森]（もり）

おや…4 [子]（こ）

ぎん…5 [金]（きん）

すな…6 [土]（つち）

百円…7 [千]（せん）円

三かく…8 [四]（し）かく

赤い…9 [青]（あお）い

入る…10 [出]（で）る

3 7 [木]（き）の 8 [下]（した）に ある 9 [石]（いし）を うごかすと 10 [小]（ちい）さな 11 [虫]（むし）が いた。

4 ゆきが たくさん ふって 12 [村]（むら）の ひろい 13 [田]（た）んぼが まっ 14 [白]（しろ）に なった。

5 15 [先]（せん）16 [生]（せい）が こくばんに

5 □に ひらがなを 一字 かいて、つぎの ことばの よみを こたえなさい。 (12) 2×6

（れい　ふじ山……ふじ[さ]ん）

力もち…ちか1[ら]もち

竹かご…た2[け]かご

六　本…ろっ3[ぽ]ん

水　玉…み4[ず]た5[ま]

二か月…にか6[げ]つ

7 つぎの ぶんを よんで、□の なかに かん字を かきなさい。 (40) 2×20

1 おにごっこを した とき、1[左]（ひだり）の 2[足]（あし）くびを くじいて しまった。

2 3[王]（おう）さまが 4[車]（くるま）の 5[中]（なか）から 6[手]（て）を ふって いる。

かいた 17[文]（ぶん）しょうを、みんなで いっしょに 18[大]（おお）きな こえで よんだ。

6 19[雨]（あめ）が やんで 20[七]（なな）いろの にじが 空に かかった。

学習した日　月　日

／150

10級 実物大見本 しけんもんだい 13 標準解答（こたえ）【巻末】

標準解答（ひょうじゅんかいとう）　巻末（かんまつ）

1 つぎの ぶんを よんで、――せんの **かん字**の **よみがな**を ――せんの **みぎ**に かきなさい。 (40) 2×20

1 ［1］二（に） じかん［2］目（め）の ずこうで ［3］花（はな）の かたちの メダルを かみねん［4］土（ど）で つくった。

2 ［5］空（そら）が きゅうに くらく なり、［6］雨（あめ）が ふりだした。

5 ［14］村（むら）はずれの ［15］竹（たけ）やぶを ぬけると、じんじゃの ［16］赤（あか）い とりいが ［17］見（み）えた。

6 ［18］女（おんな）の子が ［19］小（ちい）さな ［20］犬（いぬ）を だいて いる。

合格者平均得点
39.0/40

3 つぎの ぶんを よんで、――せんの **かん字**の **よみがな**を ――せんの **みぎ**に かきなさい。 (16) 2×8

［1］音（おん）がくしつの がっきを つかう。
ドアを たたく ［2］音（おと）が きこえた。

あく［3］手（しゅ）を して わかれた。
おばあさんに ［4］手（て）がみを かく。

3 テーブルの 上(7 うえ)に、白(8 しろ)い カップが 五(9 いつ)つ おいて ある。

4 山(10 やま)のぼりの とちゅうで 大(11 おお)きな 石(12 いし)に すわって 休(13 やす)んだ。

2 つぎの **かん字**の **ふとい** ところは **なんばんめ**に かきますか。○の なかに **すう字**を かきなさい。

	手	竹	村	空	犬	休
	1 ②	2 ⑤	3 ⑥	4 ③	5 ②	6 ③

	糸	円	花	月	立	百
	7 ⑥	8 ④	9 ⑦	10 ④	11 ⑤	12 ⑥

(12) 1×12

合格者平均得点 11.3 / 12

ろう下(5 か)の そうじを した。くろい くつ下(6 した)を はく。

グラウンドを 一(7 いっ)しゅう はしる。どんぐりを 一(8 ひと)つ ひろった。

合格者平均得点 15.1 / 16

4 つぎの **ことば**の **よみがな**で ただしい ほうの **ばんごう**に ○を つけなさい。 (10) 2×5

1 六ぴき　1 ろつぴき　② ろっぴき

2 王子　① おうじ　2 おおじ

3 十人　1 じうにん　② じゅうにん

4 水玉　① みずたま　2 みづたま

5 正月　① しょうがつ　2 しようがつ

合格者平均得点 9.9/10

6 つぎの □の なかに **かん字**を かきなさい。 (20) 2×10

耳…1 [口]（くち）

手…2 [足]（あし）

女…3 [男]（おとこ）

右…4 [左]（ひだり）

もり…5 [林]（はやし）

ことば…6 [文]（ぶん）

はたけ…7 [田]（た）

あさ…8 [夕]（ゆう）がた

まる…9 [四]（し）かく

おそい…10 [早]（はや）い

合格者平均得点 19.3/20

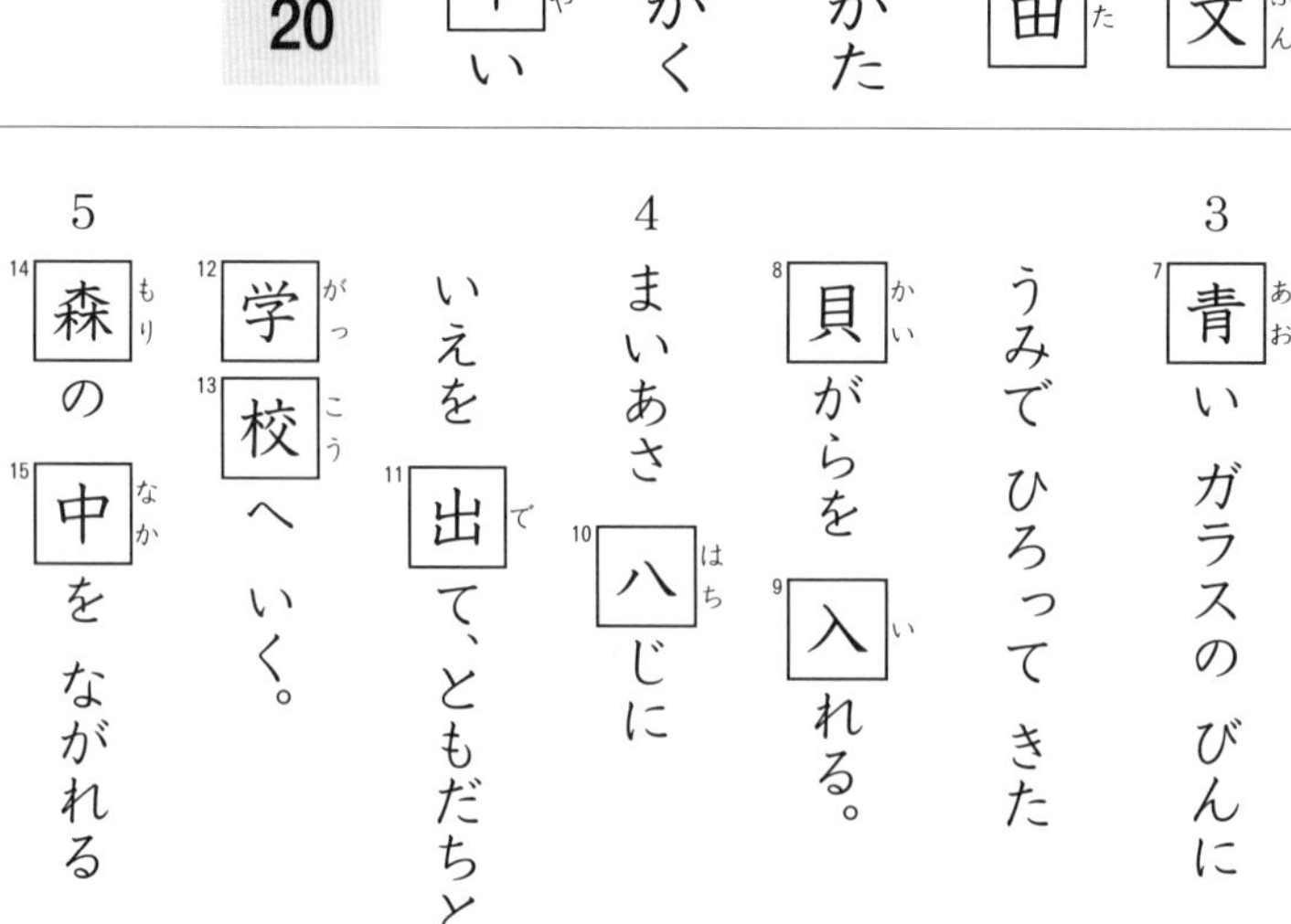

3 7 [青]（あお）い ガラスの びんに うみで ひろって きた 8 [貝]（かい）がらを 9 [入]（い）れる。

4 まいあさ 10 [八]（はち）じに いえを 11 [出]（で）て、ともだちと 12 [学]（がっ）13 [校]（こう）へ いく。

5 14 [森]（もり）の 15 [中]（なか）を ながれる

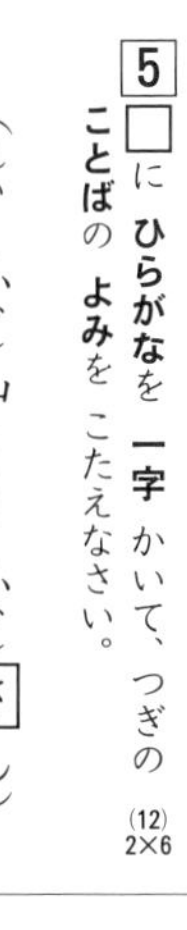

5 □に **ひらがな**を **一字** かいて、つぎの **ことば**の **よみ**を こたえなさい。 (12) 2×6

（れい　ふじ山……ふじ[さ]ん）

七千…なな[1 せ]ん

け糸…け[2 い]と

草はら…[3 く]さはら

日本…[4 に]っぽん

百円…ひゃ[5 く]え[6 ん]

合格者平均得点 11.6/12

---

7 つぎの ぶんを よんで、□の なかに **かん字**を かきなさい。 (40) 2×20

1 じてん[1 車（しゃ）]の ペダルを [2 力（ちから）]いっぱい こいで さかみちを のぼった。

2 のはらで 見つけた [3 虫（むし）]の [4 名（な）]まえを [5 先（せん）][6 生（せい）]に おしえて もらった。

[16 川（かわ）]に、[17 金（きん）]いろの さかなが いた。

6 [18 天（てん）][19 気（き）]が よい 日に かぞく [20 三（さん）]人で さんぽを した。

合格者平均得点 38.5/40

学習した日　月　日

／150

9級 しけんもんだい ふろく

標準解答（こたえ）【本冊90～95ページ】

（一）つぎの文をよんで、——せんの漢字のよみがなを——せんの右にかきなさい。 (22) 1×22

1 おまわりさんが学校に来（1 き）て交通（2 こうつう）ルールをわかりやすく教（3 おし）えてくれた。

2 どうぶつ園（4 えん）のかばが大きな口をあけて、すいかを丸（5 まる）ごと食（6 た）べていた。

3 お兄（7 にい）さんは、鳴（8 な）き声を聞（9 き）いただけで、鳥（10 とり）の名まえを

（二）つぎの漢字のふといところはなんばんめにかきますか。〇の中にすう字をかきなさい。 (10) 1×10

形…1 ③	来…2 ⑤	思…3 ⑧	京…4 ⑦	教…5 ⑨
雲…6 ⑫	食…7 ⑨	新…8 ⑬	用…9 ⑤	細…10 ⑪

合格者平均得点 8.9／10

（三）□にひらがなを一字かいて、つぎのことばのよみをこたえなさい。 (8) 1×8

（れい 左右……さ[ゆ]う）

雨雲……1 [あ]まぐも

（五）つぎの文をよんで、——せんの漢字のよみがなを——せんの右にかきなさい。 (10) 1×10

はじめて新（1 しん）かん線にのった。
新（2 あたら）しいくつをはいて出かける。

あたたかい毛（3 もう）ふにくるまる。
毛糸（4 けいと）であやとりをする。

兄は親友（5 しんゆう）と魚つりに行った。
友（6 とも）だちとのやくそくをまもる。

言うことができる。

4 近くのじんじゃに、白い馬をえがいた古い絵がある。

5 図工の時間に作った船をおふろでうかべた。

6 夏休みのすごし方についてお母さんといっしょに考え、計画を立てた。

合格者平均得点 21.5/22

草原……そうげん

半年……はんとし

正直……しょうじき

大雪……おおゆき

合格者平均得点 7.8/8

（四）○のところは、**はねるか、とめるか、**正しいかきかたで○の中にかきなさい。 (4) 1×4

（れい 字→字 下→下）

1 弓と矢

2 まどの外

3 内がわ

4 汽車

合格者平均得点 3.9/4

おばあさんに電話をかけた。

みんなで話し合ってきめる。

画用紙にクレヨンで絵をかく。

「ももたろう」の紙しばいを見た。

合格者平均得点 9.4/10

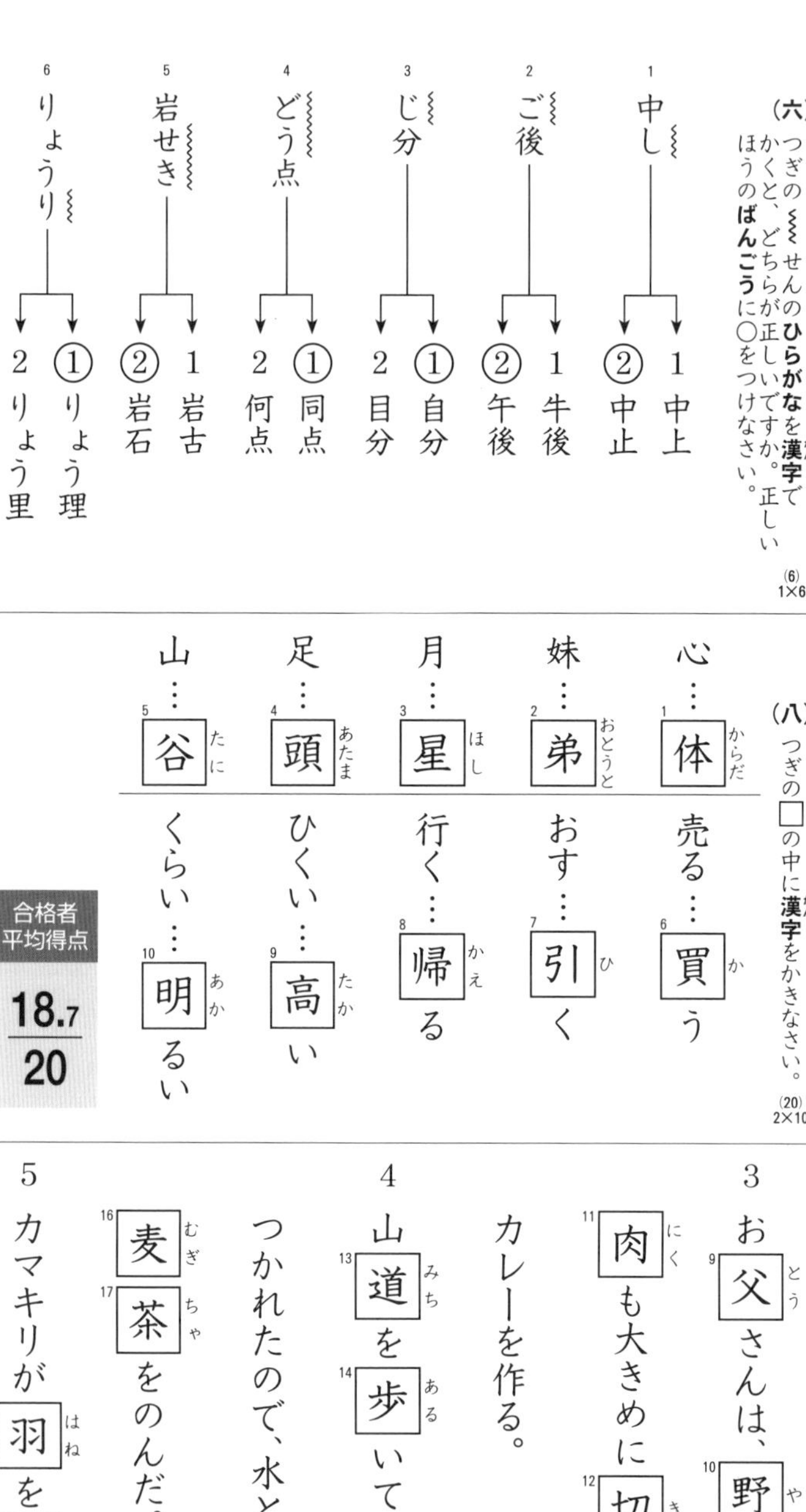

（六）つぎの～～せんのひらがなを**漢字**でかくと、どちらが正しいですか。正しいほうの**ばんごう**に○をつけなさい。 (6) 1×6

1 中し → 1 中上　②中止

2 ご後 → 1 牛後　②午後

3 じ分 → ①自分　2 目分

4 どう点 → ①同点　2 何点

5 岩せき → 1 岩古　②岩石

6 りょうり → ①りょう理　2 りょう里

合格者平均得点 6.0/6

（八）つぎの□の中に**漢字**をかきなさい。 (20) 2×10

心…1 体（からだ）

妹…2 弟（おとうと）

月…3 星（ほし）

足…4 頭（あたま）

山…5 谷（たに）

売る…6 買（か）う

おす…7 引（ひ）く

行く…8 帰（かえ）る

ひくい…9 高（たか）い

くらい…10 明（あか）るい

合格者平均得点 18.7/20

3 お9 父（とう）さんは、10 野（や）さいも11 肉（にく）も大きめに12 切（き）ってカレーを作る。

4 山13 道（みち）を14 歩（ある）いて15 少（すこ）しつかれたので、水とうの16 麦（むぎ）17 茶（ちゃ）をのんだ。

5 カマキリが18 羽（はね）を19 広（ひろ）げたところを見た。

(七) れいのように**おなじなかま**の**漢字**(かん)を□の中にかきなさい。 (20) 2×10

（れい　木……[村](むら)人・山[林](りん)）

回……[1 国](こく)語・[2 回](まわ)す

土……大[3 地](ち)・すな[4 場](ば)

辶……先[5 週](しゅう)・[6 遠](えん)足

禾……[7 秋](あき)空・生活[8 科](か)

儿……[9 元](げん)気・日の[10 光](ひかり)

合格者平均得点　19.0／20

(九) つぎの文をよんで、□の中に**漢字**(かん)をかきなさい。 (50) 2×25

1　[1 算](さん)[2 数](すう)の時間に先生が文しょうもんだいを[3 黒](こく)ばんに[4 書](か)いた。

2　見晴らし[5 台](だい)にのぼると[6 黄](き)[7 色](いろ)いひまわりばたけのむこうに青い[8 海](うみ)が見えた。

6　[20 風](かぜ)が[21 強](つよ)くなる[22 前](まえ)にベランダのうえ木ばちを[23 家](いえ)の中に入れた。

7　[24 姉](あね)は[25 毎](まい)日、ピアノのれんしゅうをしている。

合格者平均得点　46.6／50

学習した日　月　日

／150

10級受検者の年齢層別割合（2019～2021年度）

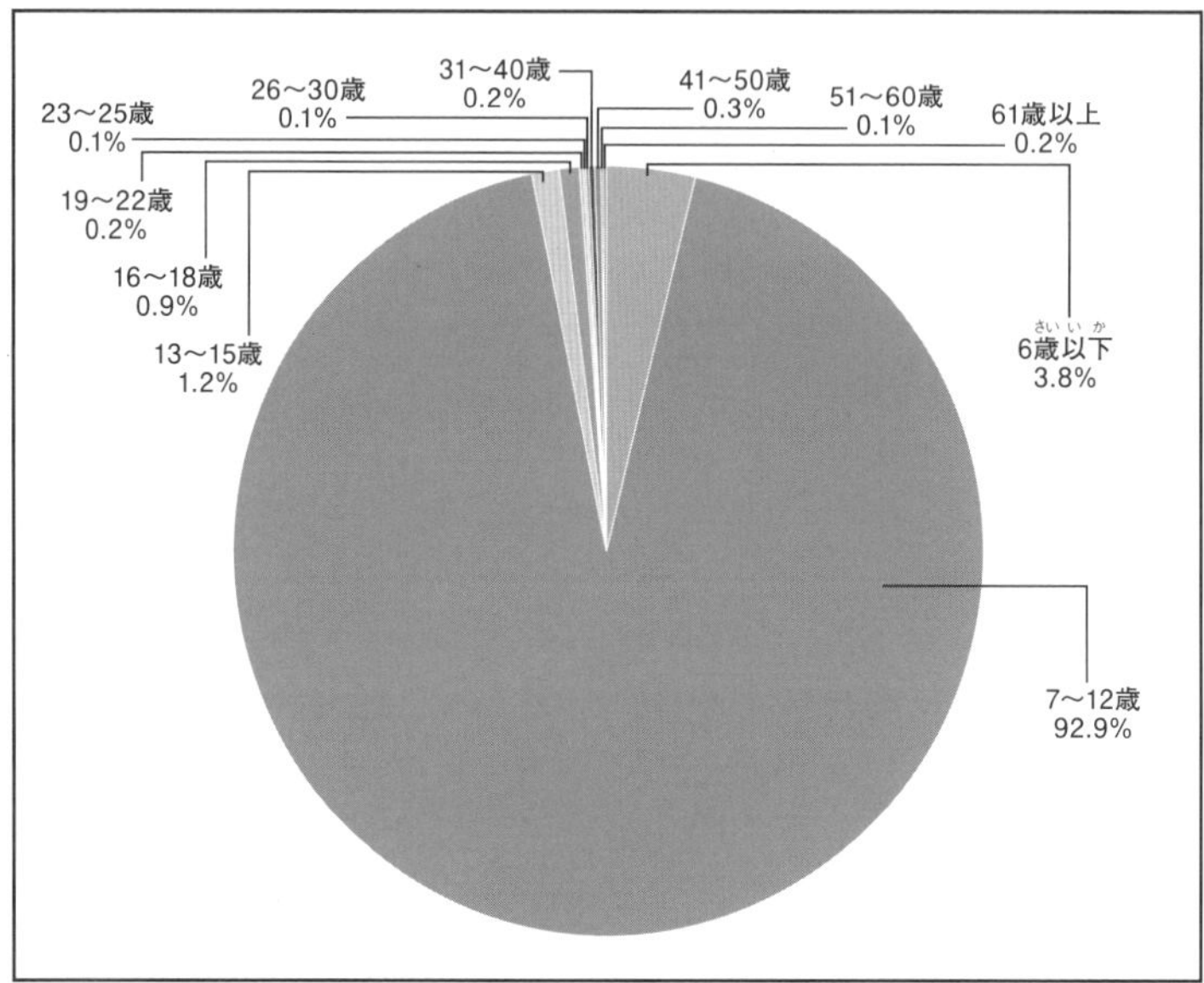

10級の大問別正答率（しけんもんだい 8）

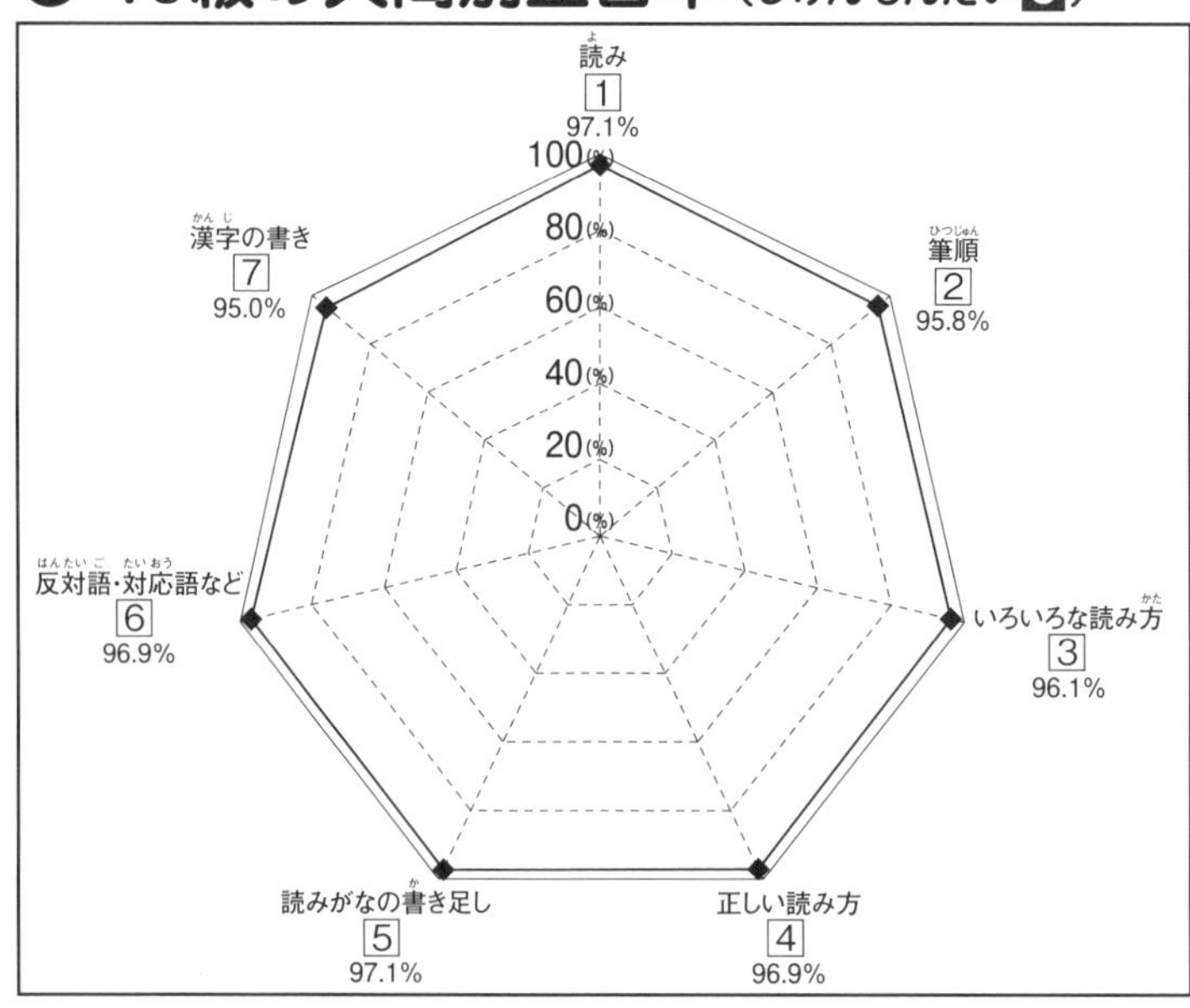